KOREANISCH LERNEN
REDEWENDUNGEN UND VOKABELN

Sprach-Arbeitsbuch für Anfänger

- 36 Einzigartige Themen
- SÄTZE UND VOKABEL
- Deutsch - Koreanisch - Klingt wie für alle

POLYSCHOLAR

www.polyscholar.com

Inhaltsverzeichnis

Einführung

Nach der Veröffentlichung meines ersten Bestsellers im Jahr 2021, <u>Koreanisch Lernen für Anfänger</u>, gab es viele Anfragen nach einem koreanischen Vokabelbuch. Dieses Buch ist eine Antwort auf diese Anfragen. Ich hoffe, Sie haben Spaß daran und halten es für hilfreich. Wenn Sie mein erstes Buch noch nicht gelesen haben und sich ein Exemplar besorgen möchten, um an Ihren Sprachkenntnissen zu arbeiten, ist es überall erhältlich, wo Bücher online verkauft werden.

Dieses Buch enthält 1.680+ gängige Vokabeln und Redewendungen aus allen Bereichen des täglichen Lebens. Ich setze voraus, dass Sie über Grundkenntnisse der koreanischen Sprache verfügen. Das Erlernen dieser Sätze und Wörter wird Ihnen helfen, sich auf Koreanisch zu verständigen, ganz gleich, womit Sie zu tun haben, und wird Reisen nach Südkorea spannender machen, da Sie sich in der Landessprache unterhalten können.

Zu jedem Wort oder Satz gebe ich drei Informationen an. Das Wort auf Deutsch, Koreanisch und wie das Koreanische auf Deutsch klingt. So können Sie lernen, wie man jeden Satz und jedes Wort liest, schreibt und spricht.

Es gibt ein paar Fälle, in denen das „sounds like" im Deutschen nicht exakt ist, weil es im Deutschen anders klingt. Ich habe die Laute in diesen Situationen *kursiv* gesetzt.

Ich hoffe, Sie finden dieses Buch hilfreich für das Erlernen der koreanischen Sprache.

Gebräuchliche Wörter/Phrasen

일반적인 단어/표현　Ilbanzogin Danwo

Sind Sie sehr beschäftigt?

Bapusipnikka?

바쁘십니까?

Haben Sie gefrühstückt?

Achim siksa dusseutsupnikka?

아침 식사 드셨습니까?

Haben Sie zu Abend gegessen?

Zonnyeok siksa dusseutsupnikka?

저녁 식사 드셨습니까?

Haben Sie zu Abend gegessen?

Zomsim siksa dusseutsupnikka?

점심 식사 드셨습니까?

Haben Sie gut geschlafen?

Zal Zumusseutsupnikka?

잘 주무셨습니까?

Haben Sie...

-- Itssusipnikka?

-- 있으십니까?

Mögen Sie Filme?

Jonghwarul Zowahasipnikka?

영화를 좋아하십니까?

Erinnern Sie sich an mich?

Zorul Kiok hasipnikka?

저를 기억하십니까?

Arbeiten Sie nicht zu hart

Nomu murihage Ilhazi Masejo.

너무 무리하게 일하지 마세요

Guten Morgen

Annjeonghasejo

안녕하세요

Auf Wiedersehen

Annjeonghi Gasejo

안녕히 가세요

Ich wollte schon immer mal...... ...Ul Wonhetsupnida	을(를) 원했습니다
wollte... ...Ul Wonhetsupnida	...을(를) 원했습니다
Haben Sie schon etwas gegessen? Siksa Hasseutsupnikka?	식사하셨습니까?
Hier ist meine E-Mail Adresse Ze E-mail zusoipnida	제 이메일 주소입니다
Hier ist meine Telefonnummer Ze Zonhwabonhoipnida	제 전화번호입니다
Wie Ottokke	어떻게
Wie wäre es... ...Ottosupnikka?	...어떻습니까?
Wie geht es Ihnen? Ottoke Zinesipnikka?	어떻게 지내십니까?
Wie geht es Ihnen? Ottoke Zinesipnikka?	어떻게 지내십니까?
Wie geht es Ihren Eltern? Bumonimun Ottoke Zinesipnikka?	부모님은 어떻게 지내십니까?
Wie kommt das? Ottoke Ossjotsupnikka?	어떻게 오셨습니까?
Wie geht es Ihnen? Ottoke Zinesipnikka?	어떻게 지내십니까?

Wie ist es Ihnen ergangen? Ottoke Zinessotsupnikka?	어떻게 지내셨습니까?
Wie lange ist es her? Ige Ermmamanimnikka?	이게 얼마만입니까?
Wie viel? Ermaimnikka?	얼마입니까?
Wie alt sind Sie? Naiga Mjot Seisimnikka?	나이가 몇 세이십니까?
Ich habe bereits gegessen Imi Mogotsumnida	이미 먹었습니다
Ich habe nicht... Ul gazigo iggi ansumnida	...을(를) 가지고 있지 않습니다
Ich hatte heute Spaß Onul Zemi issosumnida	오늘 재미있었습니다
Ich habe... Ul gazigo iggi ansumnida	...을(를) 가지고 있습니다
Ich habe dich vermisst Nanun Nerul Guriwohedda	나는 너를 그리워했다
Ich mag Filme Zonun Jonghwarul Zowahamnida	저는 영화를 좋아합니다
Ich freue mich auf die Zusammenarbeit mit Ihnen Dangsingwa Hamke Ilhagirul Gidehamnida	저는 당신과 함께 일하기를 기대합니다Zonun
Ich habe gut geschlafen Zonun Zal Zassumnida	저는 잘 잤습니다

Ich denke oft an Sie

저는 당신 생각을 자주 했습니다

Zonun Dangsin Senggakul Zazu Hassumnida

Ich rufe Sie an

제가 당신에게 전화드리겠습니다

Zega Dangsinege Zonhwa Durigesumnida

Ich schicke Ihnen eine E-Mail

제가 당신에게 이메일을 보내드리겠습니다

Zega Dangsinege E-Mail ul Durigesumnida

Ich schicke Ihnen eine SMS

제가 당신에게 문자 메시지를 보내드리겠습니다

Zega Dangsinege Moonza Messege rul Durigesumnida

Ich fühle mich geschmeichelt

저는 뿌듯한 기분이 듭니다

Zonun Pudutan Kibuni Dupnida

Ich bin zu müde

저는 너무 피곤합니다

Zonun Nomu Pigonamnida

Ist es okay, wenn...

...라면 괜찮습니다

Ramjon Gönchansumnida

Ist da......

있습니까

Itsumnikka

Ist da nicht...

... 없습니까

Upsumnikka

Es ist schon lange her

오랜 시간이 지났습니다

Olen Sigani Zinassumnida

Es ist mir eine Ehre, Sie kennenzulernen

만나게 되어 영광입니다

Mannage Döe Jongwangimnida

Es ist schön, Sie kennenzulernen

만나서 반갑습니다

Mannaso Bangapsumnida

Das hat heute Spaß gemacht
Onul Zemi issosumnida

오늘 재미있었습니다

Ich wollte Sie schon lange kennen lernen
Oraedorok Dangsinul Mannagirul Wonhatsumnida

오래도록 당신을 만나기를 원했습니다

Ich wollte Sie schon lange kennenlernen
Oraedorok Dangsinul Mannagirul Wonhatsumnida

오래도록 당신을 만나기를 원했습니다

Mir ging es gut
Zonun Zal Zinesumnida

저는 잘 지냈습니다

Kann ich bitte noch ein Bier haben?
Mekzu Hanzan Butakdurimnida

맥주 한 잔 부탁드려도 되겠습니까?

gebräuchliche Wörter/Sätze
Ilbanzogin Danwo

일반적인 단어/표현

Mein Name ist...
Ze Irumun ...imnida

제 이름은...입니다

Nein, ist es nicht
Anio, Animnida

아니오, 아닙니다

Nein, ich weiß es nicht
Anio, Zonun Morumnida

아니오, 저는 모릅니다

Überhaupt nicht
Zonjo Animnida

전혀 아닙니다

Bitte
Butakdurimnida

부탁드립니다

Wir sehen uns später
Nazung-e Böpgötsumnida

나중에 뵙겠습니다

Auf Wiedersehen Annjonghi Gasejo	안녕히 가세요
Passen Sie auf sich auf Momzori Zalhasejo	몸조리 잘하세요
Dankeschön Gamsahamnida	감사합니다
Danke für Ihre Kontaktaufnahme Jonrak Zusseoso Gamsahamnida	연락 주셔서 감사드립니다
Dank an Sie Gamsahamnida	감사합니다
Das ergibt keinen Sinn Gugosun Mari Dözi Ansumnida	그것은 말이 되지 않습니다
Das Vergnügen ist ganz meinerseits Zega Gamsadurimnida	제가 감사드립니다
Es gibt... I Itssumnida	...이(가) 있습니다
Es gibt keine I Upssumnida	...이(가) 없습니다
Wir haben uns endlich getroffen Wooriga dudie Mannasumnida	우리가 드디어 만났습니다
Wir sind uns noch nie begegnet, stimmt's? Woorinun Izone Mannan Zeoki Eopsoyo, Gurocho?	우리는 이전에 만난 적이 없어요, 그렇죠?
Was Muot	무엇

Was sind Ihre Hobbys? Chümiga Muosimnikka	취미가 무엇입니까?
Was machen Sie gerne? Muosul Hanun Gosul Zoahasimnikka	무엇을 하는 것을 좋아하십니까?
Was lesen Sie gerne? Muosul Iknun Gosul Zoahasimnikka	무엇을 읽는 것을 좋아하십니까?
Was wollen Sie tun? Muosul Hago Sipusimnikka	무엇을 하고 싶으십니까?
Was ist... nun Muosimnikka	...는 무엇입니까
Wie ist Ihr Name? Irumi Ottoke Dösimnikka	이름이 어떻게 되십니까?
Welche Musik mögen Sie? Otten Umagul Zoahasimnikka	어떤 음악을 좋아하십니까?
Wie spät ist es? Myeot Siimnikka	몇 시입니까?
Wenn Enje	언제
Wann sollen wir aufbrechen? Zohinun Enje Tonaja Hamnikka	저희는 언제 떠나야 합니까?
Wo Odi	어디
Woher kommen Sie? Odieso Ossjotsumnikka	어디에서 오셨습니까?

Wo wohnen Sie?
Odie Sasimnikka

어디에 사십니까?

Wo ist es?
Igosun Odie Issumnikka

이것은 어디에 있습니까?

Wo ist das?
Gugosun Odie Issumnikka

그것은 어디에 있습니까?

Wo befindet sich das Badezimmer?
Joksirun Odie Issumnikka

욕실은 어디에 있습니까?

Wo sollen wir hingehen?
Zohinun Odiro Gaja Hamnikka

저희는 어디로 가야합니까?

Wo wurden Sie geboren?
Dangsinkkesonun Odieso Teonasjotsumnikka

당신께서는 어디에서 태어나셨습니까?

Wer
Nugu

누구

Ja, das ist es
Ne, Guge Igosimnida

네, 그게 이것입니다

Ja, ich weiß
Ne, Zonun Algo Issumnida

네, 저는 알고 있습니다

Sie kommen mir bekannt vor
Nannigun Urgulisinde

낯익은 얼굴이신데

Tiere

동물   Dongmul

Alpensteinbock Aibex	아이벡스
Amur-Leopard Amurpjobom	아무르표범
Ameise Gemi	개미
Asiatischer Schwarzbär Asiahukgom	아시아흑곰
Auerochse Orochs	오록스
Dachs Osori	오소리
Bär Gom	곰
Biene Bol	벌
Zweifarbige Spitzmaus Nimbatachzü	님바땃쥐
Vogel Se	새
Bulle Hwangso	황소

Schmetterling Nabi	나비
Katze Gojangi	고양이
Katze Gojangi	고양이
Gämse Jongjang	영양
Gepard Cheeta	치타
Schimpanse Chimpanzee	침팬지
Zwergwal Minkgore	밍크고래
Kuh So	소
Kuh So	소
Krabbe Ge	게
Krokodil Ago	악어
Hirsch Sasum	사슴

| Hund | 개 |
| Ge | |

| Delphin | 돌고래 |
| Dolgore | |

| Ente | 오리 |
| Ori | |

| Adler | 독수리 |
| Doksuri | |

| Aal | 장어 |
| Zanger | |

| Elefant | 코끼리 |
| Kokkiri | |

| Europäischer Dachs | 유럽오소리 |
| Jurobosori | |

| Steinmarder | 흰담비 |
| Hindambi | |

| Europäische Wildkatze | 들고양이 |
| Dulkojangi | |

| Feuersalamander | 불도롱뇽 |
| Buldorongnjong | |

| Fisch | 물고기 |
| Mulgogi | |

| Fuchs | 여우 |
| Jou | |

Frosch Geguri	개구리
Giraffe Kirin	기린
Ziege Jomso	염소
Gans Kewi	거위
Gorilla Gorilla	고릴라
Große Hufeisenfledermaus Gwanbakzü	관박쥐
Grüne Meeresschildkröte Badagobuk	바다거북
Meerschweinchen Ginipigu	기니피그
Hamster Hamster	햄스터
Nilpferd Hama	하마
Pferd Mal	말
Jeju-Salamander Zezudorongnjong	제주도롱뇽

Känguru Kengeroo	캥거루
Koreanischer Goral Sanjang	산양
Koreanischen Salamander Dorongnjong	도롱뇽
Kori-Salamander Goridorongnjong	고리도롱뇽
Lederschildkröte Zangsugobuk	장수거북
Leopard Pjobom	표범
Löwe Saza	사자
Zwergtaucher Nonbjöngari	논병아리
Eidechse Domabem	도마뱀
Unechte Karettschildkröte Bulgunbadagobuk	붉은바다거북
Langschwanzgoral Ginkkoridorongnjong	긴꼬리도롱뇽
Luchs Srasoni	스라소니

Mandschurischer Sikahirsch Darjuksasum	대륙사슴
Mandschurischer Wapiti Bekdusansasum	백두산사슴
Affe Wonsungi	원숭이
Oktopus Muno	문어
Pazifischer Eistaucher Hösekmoriabi	회색머리아비
Panda Pender	팬더
Papagei Ängmoose	앵무새
Pinguin Penguin	펭귄
Haustier Äwandongmul	애완동물
Schwein Dözi	돼지
Taube Bidulgi	비둘기
Eisbär Bukkukkom	북극곰

Welpe Sekki	새끼
Kaninchen Tokki	토끼
Rotfuchs Bulgunjou	붉은여우
Rothalstaucher Kunnonbjöngari	큰논병아리
Rotkehltaucher Abi	아비
Nashorn Koppulso	코뿔소
Hai Sanger	상어
Schafe Jang	양
Kurzschwanzalbatros Sinchonong	신천옹
Sibirischer Moschus-Hirsch Sahjangnoru	사향노루
Sibirisches Rehwild Noru	노루
Schlange Bem	뱀

Spinne Gomi	거미
Tintenfisch Ozinger	오징어
Eichhörnchen Daramzü	다람쥐
Tiger Horangi	호랑이
Truthahn Chilmjonzo	칠면조
Schildkröte Gobuk	거북
Wasserhirsch Gorani	고라니
Wal Gore	고래
Wildschwein Meddözi	멧돼지
Wolf Nukde	늑대
Zebra Errukmal	얼룩말

Auf dem Flughafen

공항에서　　**Gonghangeso**

Sind die Sitze im Voraus zugewiesen?　　이 좌석은 사전 배정되었습니까?
I Zwasogun Sazone Bezongdötsumnida

Gibt es Gegenstände, die einer Beschränkung unterliegen?

제한되는 물건이 있습니까?

Zehandönun Mulgoni Issumnikka

Kann ich den Sitz wechseln?　　좌석을 바꿀 수 있습니까?
Zwasogul Baggulsu Issumnikka

Muss ich meinen Hut abnehmen?　　모자를 벗어야 합니까?
Mozarul Bosojahapnikka

Muss ich meine Schuhe ausziehen?　　신발을 벗어야 합니까?
Sinbarul Bosojahapnikka

Muss ich meinen Laptop auspacken?　　노트북을 꺼내야 합니까?
Notboogul Konejahamnikka

Haben Sie eine Bordkarte?　　탑승권이 있으십니까?
Tapsungkwoni Issusimnikka

Haben Sie einen Platz in der Mitte frei?　　가운데 자리 남은 곳 있습니까?
Gaunde Zari Namun Got Issumnikka

Haben Sie ein Visum?　　비자가 있으십니까?
Bizaga Issusimnikka

Haben Sie einen Fensterplatz frei?　　창가 자리 남은 곳 있습니까?
Changga Zari Namun Got Issumnikka

Haben Sie einen Platz am Gang frei?　　복도 자리 남은 곳 있습니까?
Bokdo Zari Namun Got Issumnikka

Haben Sie schon eingecheckt? Check-in Hassjotsumnikka	체크인 하셨습니까?
Hier ist meine Reservierungsnummer Ze Jejak Benhoimnida	제 예약 번호입니다
Um wie viel ist sie zu hoch? Gumegi Erma Zongdoimnikka	금액이 얼마 정도입니까?
Ich werde meinen Flug verpassen Hanggongpjenul Nochil Got Gatsumnida	항공편을 놓칠 것 같습니다
Ich bin in der ersten Klasse Zonun Ildungsoge Issumnida	저는 일등석에 있습니다
Ich habe eine Reservierung Zonun Jejakhessumnida	저는 예약했습니다
Ich habe meinen Reisepass zu Hause vergessen Ze Jogwonul Dugowassumnida	제 여권을 집에 두고 왔습니다
Ich habe meine Tasche verloren Ze Gabangul Iroborjossumnida	제 가방을 잃어버렸습니다
Ich habe mein Gepäck verloren Ze Suhamurul Iroborjossumnida	제 수하물을 잃어버렸습니다
Ich muss einchecken Zonun Check-inul Hejahamnida	저는 체크인을 해야 합니다
Ich werde es als Handgepäck mitnehmen Gine Suhamullo Gazogagessumnida	기내 수하물로 가져가겠습니다
Ich werde die Überschreitungsgebühr bezahlen Chogwa Susurjorul Ziburagessumnida	초과 수수료를 지불하겠습니다

Ich werde einige Dinge herausnehmen
Mulgon Ilburul Dugo Gagessumnida

물건 일부를 두고 가겠습니다

Ich möchte eine Reiseschutzversicherung abschließen
Johengza Bohemul Dulgo Sipssumnida

여행자 보험을 들고 싶습니다

Ich möchte einchecken, bitte
Check-in Butakdurimnida

체크인 부탁드립니다

Ich würde gerne Geld umtauschen
Donul Hwanzonagosipssumnida

돈을 환전하고 싶습니다

Ist das Flugzeug pünktlich?
Bihengginun Zengsie Dochakhamnida

비행기는 정시에 도착합니까?

Gibt es eine Gebühr für Übergepäck?
Chuga Suhamure Dehan Susurjoga Issumnikka

추가 수하물에 대한 수수료가 있습니까?

Ist dies ein einfaches Ticket?
Pjondo Hanggonggwonimnikka

편도 항공권입니까?

Ist dies ein Hin- und Rückflugticket?
Wangbok Hanggonggwonimnikka

왕복 항공권입니까?

Ist das die Linie?
Jogiga Zurimnikka

여기가 줄입니까?

Es ist ein Direktflug
Zikhangpjonimnida

직항편입니다

Meine Tasche ist beschädigt worden
Ze Gabangi Sonsangdötssumnida

제 가방이 손상되었습니다

Mein Gepäck ist nicht angekommen
Ze Suhamuri Dochakazi Annassumnida

제 수하물이 도착하지 않았습니다

Bitte bestätigen Sie meine Reservierung
Ze Jejagul Hwaginhe Zusipsio

제 예약을 확인해 주십시오

Zeigen Sie mir Ihre Bordkarte, bitte
Tapsungkwonul Bojo Zusipsio

탑승권을 보여주십시오

Zeigen Sie mir Ihren Pass, bitte
Jogwonul Bojo Zusipsio

여권을 보여주십시오

Der Flug ist voll
I Bihengginun Mansogimnida

이 비행기는 만석입니다

Hatte das Flugzeug Verspätung?
Bihengpjoni Zijon Dötssumnikka

비행편이 지연되었습니까?

Wir werden bald mit dem Boarding beginnen
Tapsungi Got Sizakdömnida

탑승이 곧 시작됩니다

Wie hoch ist der Wechselkurs?
Hwanjuli Ermaimnikka

환율이 얼마입니까?

Wie lautet die Nummer des Gates?
Geit Bonoga Mjötbonimnikka

게이트 번호가 몇 번입니까?

Um wie viel Uhr beginnt das Boarding?
Tapsungun Onze Sizakhamnikka

탑승은 언제 시작합니까?

Um wie viel Uhr kommt Ihr Flug an?
Bihengginun Mjöt Sigan Düe Dochakhamnikka

비행기는 몇 시간 뒤에 도착합니까?

Um wie viel Uhr geht Ihr Flug?
Bihengginun Mjöt Sigan Düe Chulbaramnikka

비행기는 몇 시간 뒤에 출발합니까?

Wann besteigt die erste Klasse das Flugzeug?
Hanggongpjonui Ildungsogun Onze Tapsunghamnikka

항공편의 일등석은 언제 탑승합니까?

Wo sind die Wagen? Cartnun Odie Issumnikka	카트는 어디에 있습니까?
Wo sind die Toiletten? Hwazangsirun Odiimnikka	화장실은 어디입니까?
Wo bekomme ich mein Gepäck? Ze Suhamurun Odieser Chazulsuissumnikka	제 수하물은 어디에서 찾습니까?
Wo wird das Gepäck abgeholt? Suhamurul Channun Zangsonun Odiimnikka	수하물을 찾는 장소는 어디입니까?
Wo wird das Gepäck abgeholt? Suhamurul Channun Zangsonun Odiimnikka	수하물을 찾는 장소는 어디입니까?
Wo ist mein Sitzplatz? Ze Zwasogun Odiimnikka	제 좌석은 어디입니까?
Wo befindet sich der Check-in-Schalter? Check-in Kaunternun Odiimnikka	체크인 카운터는 어디입니까?
Wo befindet sich der Duty-Free-Shop? Mjonsejomun Odiimnikka	면세점은 어디입니까?
Welche Fluggesellschaft ist es? Erddon Hanggongsaimnikka	어떤 항공사입니까?
Möchten Sie Ihr Gepäck aufgeben? Suhamurul Ütakhasigessumnikka	수하물을 위탁하시겠습니까?
Ihr Gepäck übersteigt die Gewichtsgrenze Suhamuri Muge Handorul Chogwahessumnida	수하물이 무게 한도를 초과했습니다
Ihr Anschlussflug wurde gestrichen *Jongel Hanggongpjoni Chüsodötssumnida*	연결 항공편이 취소되었습니다

Im Hotel

호텔에서　Hotereso

2 Personen übernachten im Zimmer
Geksireso Dumjongi Tusukamnida

객실에서 2명이 투숙합니다

Sind Sie Goldmitglied?
Gold Höwonisimnikka

골드 회원이십니까?

Sind Sie Platin-Mitglied?
Platinem Höwonisimnikka

플래티넘 회원이십니까?

Bringen Sie mir bitte mehr Eis
Ermul Der Gazherwa Zusipsio

얼음을 더 가져와 주십시오

Kann ich später auschecken?
Nutge Check-Autal Su Issumnikka

늦게 체크아웃할 수 있습니까?

Darf ich Ihnen meinen Namen nennen?
Irumul Malssumdurjerdo Dögessumnikka

이름을 말씀드려도 되겠습니까?

Kann ich upgraden?
Upgreidhal Su Issumnikka

업그레이드할 수 있습니까?

Schreiben Sie es bitte auf mein Zimmer
Ne Geksire Zergerdusipsio

내 객실에 적어두십시오

Haben Sie ein günstigeres Zimmer?
Der Zorjeman Bang Issumnikka

더 저렴한 방 있습니까?

Haben Sie einen Stadtplan?
Dosi Zidoga Issumnikka

도시 지도가 있습니까?

Haben Sie eine Mitgliedschaft?
Membershibi Issumnikka

멤버십이 있습니까?

Haben Sie Zimmer mit Verbindungstür? Zungmuni Innun Bangi Issumnikka	중문이 있는 방이 있습니까?
Geben Sie mir ein Doppelbett Doubl Bedro Zusipsio	더블 베드로 주십시오
Gib mir ein Einzelbett Singl Bedro Zusipsio	싱글 베드로 주십시오
Geben Sie mir ein Einzelbett Singl Bedro Zusipsio	싱글 베드로 주십시오
Wie komme ich zu meinem Zimmer? Ze Banguronun Ottoke Gamnikka	제 방으로는 어떻게 갑니까?
Wie viele Personen übernachten? Mjot Mjongi Tusukamnikka	몇 명이 투숙합니까?
Ich kann Ihre Reservierung nicht finden Dangsinui Jejagul Chazulsu Opssumnida	당신의 예약을 찾을 수 없습니다
Ich kann mich nicht mehr an meine Reservierungsnummer erinnern Ze Jejak Bonoga Gioknazi Anssumnida	제 예약 번호가 기억나지 않습니다
Ich habe keine Reservierung, aber ich brauche ein Zimmer Jejakazi Annazziman Bangi Pirjohamnida	예약하지 않았지만 방이 필요합니다
Ich habe ein Kind dabei Zonun Aiga Issumnida	저는 아이가 있습니다
Ich habe eine Menge Gepäck Zonun Zimi Manssumnida	저는 짐이 많습니다
Ich habe meinen Zimmerschlüssel verloren Ze Bang Jolsörl Bunsirassumnida	제 방 열쇠를 분실했습니다

Ich habe eine Reservierung Zonun Jejakessumnida	저는 예약했습니다
Ich brauche Ihre Kreditkarte Dangsinui Sinjongkardga Pijrohamnida	당신의 신용카드가 필요합니다
Ich werde mit Bargeld bezahlen Hjongumuro Gjolzehago Sipssumnida	현금으로 결제하고 싶습니다
Ich möchte bitte einen Hamburger Hamburger Hana Butakdrimnida	햄버거 하나 부탁합니다
Ich möchte einen Weckruf für 7 Uhr morgens Achim Ilgopsie Moningkoll Butakhamnida	아침 7시에 모닝콜 부탁합니다
Ich möchte bitte auschecken Check-aut Butakamnida	체크아웃 부탁합니다
Ich würde gerne kochen Zonun Jorihago Sipssumnida	저는 요리하고 싶습니다
Ich möchte meinen Aufenthalt verlängern Tusugul Jonzanghago Sipssumnida	투숙을 연장하고 싶습니다
Ich möchte ein Essen bestellen Siksarul Zumunago Sipssumnida	식사를 주문하고 싶습니다
Ich möchte bitte den Zimmerservice bestellen Roomservissurul Zumunago Sipssumnida	룸서비스를 주문하고 싶습니다
Ich möchte bitte mit dem Manager sprechen Gwallingwa Dehwahago Sipssumnida	관리인과 대화하고 싶습니다
Ich würde gerne einchecken Check-in Butakamnida	체크인 부탁합니다

Ich möchte gerne parken
Ballet Parkinghago Sipssumnida

발렛 파킹하고 싶습니다

Ist das Frühstück enthalten?
Zosigi Pohamdömnikka

조식이 포함됩니까?

Gibt es eine Küche?
Zubangi Issumnikka

주방이 있습니까?

Fällt eine zusätzliche Gebühr an?
Chuga Jogmi Issumnikka

추가 요금이 있습니까?

Darf ich um Ihre Unterschrift bitten?
Somjongul Butakdurjodo Dögessumnikka

서명을 부탁드려도 되겠습니까?

Bitte rufen Sie mir ein Taxi
Taxirul Bullozusipsio

택시를 불러주십시오

Bitte wechseln Sie die Bettwäsche
Chimde Sheeturul Bakwozusipsio

침대 시트를 바꿔주십시오

Bitte reinigen Sie das Zimmer
Bangul Zongrihe Zusipsio

방을 정리해 주십시오

Bitte geben Sie mir ein Zimmer mit Aussicht
Zonmangi Zoun Bangul Zusipsio

전망이 좋은 방을 주십시오

Bitte halten Sie mein Gepäck
Ze Zinul Matta Zusipsio

제 짐을 맡아 주십시오

Bitte räumen Sie das Zimmer auf
Bangul Chongsohe Zusipsio

방을 청소해 주십시오

Bitte zeigen Sie mir Ihren Reisepass
Dangsinui Jogwonul Bojer Zusipsio

당신의 여권을 보여주십시오

Bitte bringen Sie mein Gepäck auf das Zimmer
Ze Ziml Banguro Gazerwa Zusipsio

제 짐을 방으로 가져와 주십시오

Stellen Sie es bitte auf mein Zimmer
Iger Ze Bange Duerzusipsio

이걸 제 방에 두어주십시오

Zimmerservice bitte
Roomservice Butakamnida

룸서비스 부탁합니다

Die Klimaanlage funktioniert nicht
Eerkeni Zakdonghazi Anssumnida

에어컨이 작동하지 않습니다

Das Warmwasser funktioniert nicht
Onsuga Naozi Anssumnida

온수가 나오지 않습니다

Das Hotel ist ausgebucht
I Hoterun Mansirimnida

이 호텔은 만실입니다

Die Reservierungsnummer lautet ----
Jejakbononun ---imnida

예약번호는 ----입니다

Es findet ein Kongress statt
Höiga Zinheng Zungimnida

회의가 진행 중입니다

Es wird eine zusätzliche Gebühr erhoben
Chuga Jogmi Issumnida

추가 요금이 있습니다

War mit Ihrem Aufenthalt alles in Ordnung?
Tusugun Gönchanushutssumnikka

투숙은 괜찮으셨습니까?

Welche Kreditkarte haben Sie für die Reservierung verwendet?

어떤 신용카드로 예약하셨습니까?

Otten Sinjongkarduro Jejakhashutssumnikka

Wann ist die späteste Checkout-Zeit?
Gazang Nuzn Check-aut Siganun Onzeimnikka

가장 늦은 체크아웃 시간은 언제입니까?

Wie lautet die Reservierungsnummer? Jejak Bonoga Ottoke Dömnikka	예약 번호가 어떻게 됩니까?
Um wie viel Uhr checken wir aus? Check-aut Siganun Onzeimnikka	체크아웃 시간은 언제입니까?
Wann haben Sie die Reservierung vorgenommen? Onze Jejakhashutssumnikka	언제 예약하셨습니까?
Wo sind die Treppen? Gjedanun Odissumnikka	계단은 어딨습니까?
Wo ist der Check-in-Schalter? Check-in Desknun Odissumnikka	체크인 데스크는 어딨습니까?
Wo ist der Concierge? Kensierginun Odissumnikka	컨시어지는 어딨습니까?
Wo ist der Aufzug? Erlebayternun Odissumnikka	엘리베이터는 어딨습니까?
Wo ist das Eis? Ermun Odissumnikka	얼음은 어딨습니까?
Wo befindet sich die Lobby? Lobinun Odie Issumnikka	로비는 어디에 있습니까?
Sie haben meine Reservierung nicht? Ze Jejagi Opssumnikka	제 예약이 없습니까?
Sie müssen eine Kaution zahlen Bozunguml Nabipasjherja Hamnida	보증금을 납입하셔야 합니다.

Bei der Arbeit

직장에서   *Zikzangeser*

Buchhalter Högje Damdangza	회계 담당자
Schauspieler Beu	배우
Jahresgehalt Jonbong	연봉
Architekt Gonchukka	건축가
Machen Sie Überstunden? Jagunhasimnikka	야근하십니까?
Künstler Jesulga	예술가
Athlet Undong Sensu	운동 선수
Bankier Unhengwon	은행원
Barkeeper Bartender	바텐더
Geschäftsreise Chulzang	출장
Metzger Dochugopza	도축업자

Können Sie für mich einspringen? Zorul Ühe Dowazusil Su Issumnikka	저를 위해 도와주실 수 있습니까?
Karriere Kerier	커리어
Schreiner Gagugong	가구공
Chefkoch Chef	셰프
Kollege Dongrjo	동료
Kommen Sie bitte in den Besprechungsraum Höisillo Wazusipsio	회의실로 와주십시오
Kommen Sie bitte morgen ins Büro Neil Samusillo Wazusipsio	내일 사무실로 와주십시오
Herzlichen Glückwunsch zu Ihrer Beförderung Sungzin Chukadurimnida	승진 축하드립니다
Dating am Arbeitsplatz ist verboten Sane Deitnun Kumzidö Issumnida	사내 데이트는 금지되어 있습니다
Zahnarzt Chigwa-uisa	치과의사
Designer Dizainer	디자이너
Schreibtisch Cheksang	책상

Muss ich gehen?
Zega Gaja Hamnikka

제가 가야 합니까?

Haben wir eine Menge Überstunden?
Urinun Jagunul Mani Hamnikka

우리는 야근을 많이 합니까?

Macht es Ihnen etwas aus, wenn ich gehe?
Zega Tonado Gönchanssumnikka

제가 떠나도 괜찮습니까?

Arzt
Uisa

의사

Arbeiten Sie nicht zu hart
Muriheso Irazi Masipsio

무리해서 일하지 마십시오

Elektriker
Zongigong

전기공

Arbeitgeber
Gojongzu

고용주

Ingenieur
Enziniier

엔지니어

Landwirt
Nongbu

농부

Feuerwehrmann
Sobanggwan

소방관

Fischer
Obu

어부

Gärtner
Zongwonsa

정원사

| Besuchen Sie die Schulung für neue Mitarbeiter | 신규 직원 교육에 참여하십시오 |
| Singju Zigwon Gjojuge Chamjohasipsio | |

| Friseur | 미용사 |
| Mijongsa | |

| Er ist heute nicht anwesend | 오늘 그는 여기 없습니다 |
| Onul Gunun Jogie Opssumnida | |

| Hier ist meine Visitenkarte | 여기 제 명함입니다 |
| Jogi Ze Mjonghamimnida | |

| Wie viele Urlaubstage pro Jahr? | 매년 휴가가 며칠 있습니까? |
| Menjen Hjugaga Mjochil Issumnikka | |

| Wie hoch ist das Gehalt? | 임금은 얼마입니까? |
| Imgumun Ermanimnikka | |

| Ich gehe zu einem neuen Unternehmen | 저는 새 회사로 이직합니다 |
| Zonun Se Hösaro Izikamnida | |

| Ich bin in der Buchhaltungsabteilung | 저는 회계 부서에 있습니다 |
| Zonun Högje Busoe Issumnida | |

| Ich bin in der IT-Abteilung | 저는 IT 부서에 있습니다 |
| Zonun IT Busoe Issumnida | |

| Ich bin in der Rechtsabteilung | 저는 법무 부서에 있습니다 |
| Zonun Bommu Busoe Issumnida | |

| Ich bin in der Marketingabteilung | 저는 마케팅 부서에 있습니다 |
| Zonun Marketing Busoe Issumnida | |

| Ich gehe früher, weil ich mich nicht wohl fühle | 오늘 몸이 안좋아서 일찍 퇴근하겠습니다 |
| Onul Mommi Anzoaso Ilzik Tögunagessumnida | |

Ich schlief ein
Zonun Zamdurossumnida

저는 잠들었습니다

Ich habe ein Jobangebot woanders
Zonun Darun Goseso Izik Zeanul Badassumnida

저는 다른 곳에서 이직 제안을 받았습니다

Ich hoffe, ich werde viel lernen
Zega Manun Gosul Be-ugil Baramnida

제가 많이 배우기를 바랍니다

Ich habe gerade angefangen
Zonun Mak Sizakessumnida

저는 막 시작했습니다

Ich habe eine Gehaltserhöhung erhalten
Ze Gubjoga Insangdössumnida

제 급여가 인상되었습니다

Ich habe meinen Lohnscheck immer noch nicht erhalten
Zonun Azik Gupjo Mjongsesorul Bazzi Motessumnida

저는 아직 급여 명세서를 받지 못했습니다

Ich arbeite ganztags
Zonun Pultaimuro Gunmuhamnida

저는 풀타임으로 근무합니다

Ich arbeite in Teilzeit
Zonun Part Taimuro Gunmuhamnida

저는 파트 타임으로 근무합니다

Ich werde es zu Hause fertig machen
Zega Zibeso Wansonghagessumnida

제가 집에서 완성하겠습니다

Ich werde von zu Hause aus arbeiten
Zonun Zibeso Iragessumnida

저는 집에서 일하겠습니다

Ich bin ein neuer Mitarbeiter
Zonun Sinipsawonimnida

저는 신입사원입니다

Ich bin ein Praktikant
Zonun Internimnida

저는 인턴입니다

Ich werde kündigen
Zonun Hegodöl Got Gassumnida

저는 해고될 것 같습니다

Ich gehe jetzt
Zonun Zigum Tonamnida

저는 지금 떠납니다

Es muss heute fertig werden
Onulkkazi Wansongheja Hamnida

오늘까지 완성해야 합니다

Es handelt sich um eine Geschäftsausgabe
Eommu Bijongimnida

업무 비용입니다

Es wird in Ihrer Mitarbeiterbeurteilung stehen
Zikwon Pjonggaga Issul Jezongimnida

직원 평가가 있을 예정입니다

Es ist eine sehr wichtige Sitzung
Me-u Zungjohan Höiimnida

매우 중요한 회의입니다

Es ist eine sehr wichtige Besprechung
Me-u Zungjohan nonimnida

매우 중요한 논의입니다

Vorstellungsgespräch
Mjonzop

면접

Journalist
Giza

기자

Arbeiter
Nodongza

노동자

Rechtsanwalt
Bjönhosa

변호사

Bereiten wir uns auf die Präsentation vor
Präsentationul Sizakapsida

프레젠테이션을 준비합시다

Machen wir eine kurze Pause Zamsi Hjusigul Gazipsida	잠시 휴식을 가집시다
Mechaniker Gigjegong	기계공
Besprechung Noni	논의
Monatsgehalt Wolgup	월급
Kindermädchen Bomo	보모
Krankenschwester Ganhosa	간호사
Büro Samusil	사무실
Büroangestellte Samuzik	사무직
Unser Chef ist aufgeschlossen Zohui Sazangnimun Jerrin Senggagul Gazigo Issumnida	저희 사장님은 열린 생각을 가지고 있습니다
Unser Chef ist wählerisch Zohui Sazangnimun Kadaropssumnida	저희 사장님은 까다롭습니다
Apotheker Jaksa	약사
Fotograf Sazinzakka	사진작가

Pilot Pailot	파일럿
Bitte genehmigen Sie den Antrag Jochongul Sungine Zusipsio	요청을 승인해 주십시오
Bitte machen Sie es schnell Pali He Zusipsio	빨리 해 주십시오
Bitte geben Sie mir den Tätigkeitsbericht Illil Bogorul Zechure Zusipsio	일일 보고를 제출해 주십시오
Bitte machen Sie Kopien für alle Modurul Ühe Boksabonul Manduro Zusipsio	모두를 위해 복사본을 만들어 주십시오
Bitte melden Sie es dem Chef Sazangnimege Bogohe Zusipsio	사장님에게 보고해 주십시오
Bitte unterschreiben Sie den Vertrag Gjejaksoe Somjonghe Zusipsio	계약서에 서명해 주십시오
Klempner Begwangong	배관공
Polizeibeamter Gjongchalgwan	경찰관
Professor Gjosu	교수
Programmierer Programmer	프로그래머
Reparaturtechniker Surigong	수리공

Forscher Jonguwon	연구원
Rentner Untöza	은퇴자
Wissenschaftler Gwahakza	과학자
Sekretärin Biso	비서
Schicken Sie es mir bitte per E-Mail zu E-mailro Bone Zusipsio	이메일로 보내 주십시오
Sie ist heute nicht da Gunjonun Onul Jogie Opssumnida	그녀는 오늘 여기 없습니다
Sänger Gasu	가수
Soldat Gunin	군인
Verkäufer Zemon	점원
Student Hakseng	학생
Anzug Zengzang	정장
Immer mit der Ruhe Pjonani Gjesejo	편안히 계세요

Taxifahrer
Taxi Gisa

택시기사

Lehrer
Gjosa

교사

Techniker
Gisulza

기술자

So machen wir es hier
Ige Jogiga Doraganun Bangsigimnida

이게 여기가 돌아가는 방식입니다

Die Kleiderordnung ist leger
Dress Codunun Pjonan Bokzangimnida

드레스 코드는 편한 복장입니다

Es gibt eine Vielzahl von Projekten
Prozektga Mani Issumnida

프로젝트가 많이 있습니다

Es findet eine Betriebsversammlung statt
Sane Höiga Issumnida

사내 회의가 있습니다

Es gibt eine Menge Arbeit
Iri Manssumnida

일이 많습니다

Es gibt nicht viel Arbeit
Iri Manchi Anssumnida

일이 많지 않습니다

Dies ist meine Visitenkarte
Ige Ze Mjonghamimnida

이게 제 명함입니다

Morgen ist ein Feiertag
Neilun Gonghjuirimnida

내일은 공휴일입니다

Versuchen Sie, mit der Personalabteilung zu sprechen
Insa Busowa Jegihe Bosipsio

인사 부서와 이야기해 보십시오

Tierarzt Suisa	수의사
Was ist Ihr Beruf? Zigobi Muosimnikka	직업이 무엇입니까?
Wann ist Mittagspause? Zomsim Siganun Onzeimnikka	점심 시간은 언제입니까?
Wo ist mein Schreibtisch? Ze Cheksangun Odissumnikka	제 책상은 어딨습니까?
Wo ist mein Büro? Samusirun Odissumnikka	제 사무실은 어딨습니까?Ze
Wo ist die Cafeteria? Gunesikdangun Odissumnikka	구내식당은 어딨습니까?
Wo ist die Kaffeebar? Kaffee Banun Odissumnikka	커피 바는 어딨습니까?
Welche Person sollte ich fragen? Otten Saramege Murobwajahamnikka	어떤 사람에게 물어봐야 합니까?
Warum machen Sie nicht Feierabend? Wö Hjugarul Tonazi Anusimnikka	왜 휴가를 떠나지 않으십니까?
Arbeitsplatz Zikzang	직장
Schriftsteller/Autor Zakka	작가

Körper

몸   Mom

| Knöchel | 발목 |
| Balmok | |

| Arm | 팔 |
| Pal | |

| zurück | 등 |
| Dung | |

| Blut | 피 |
| Pi | |

| Knochen | 뼈 |
| Pjo | |

| Wade | 장딴지 |
| Zangtanzi | |

| Wange | 뺨 |
| Pjam | |

| Brust | 가슴 |
| Gasum | |

| Kinn | 턱 |
| Tok | |

| Schlüsselbein | 쇄골 |
| Sögol | |

| Vertiefung | 보조개 |
| Bozoge | |

Ohr Gü	귀
Ohrläppchen Gütbol	귓볼
Ellenbogen Palkumchi	팔꿈치
Auge Nun	눈
Augenbraue Nunsup	눈썹
Gesicht Ergul	얼굴
Gesichtsbehaarung Ergulter	얼굴털
Finger Sonkarak	손가락
Fingernagel Sontob	손톱
Faust Zumok	주먹
Fuß Balmok	발
Stirn Ima	이마

Sommersproße Zugunke	주근깨
Haare Morikarak	머리카락
Hand Son	손
Kopf Mori	머리
Herz Simzang	심장
Ferse Balkumchi	발꿈치
Zeigefinger Gomzi	검지
Knie Murup	무릎
Bein Dari	다리
Lippen Ipsul	입술
Mittelfinger Zungzi	중지
Schnurrbart Kossujom	콧수염

Mund Ip	입
Muskel Gunjuk	근육
Nabel Bekkob	배꼽
Nacken Mok	목
Nase Ko	코
Handfläche Sonbadak	손바닥
Pickel Jodrum	여드름
kleiner Finger Sozi	소지
Ringfinger Jakzi	약지
Schulter Okke	어깨
Haut Pibu	피부
allein Hollo	홀로

Punkt Zom	점
Magen Ü	위
Oberschenkel Hobokzi	허벅지
Kehle Mok	목
Daumen Ermzi	엄지
Zehen Balgarak	발가락
Zehennagel Baltob	발톱
Zunge Hjo	혀
Zähne I	이
Zahn I	이
Taille Hori	허리
Handgelenk Sonmok	손목

Kalender

달력   **Dalljok**

Montag	월요일
Worjoil	

Dienstag	화요일
Hwajoil	

Mittwoch	수요일
Sujoil	

Donnerstag	목요일
Mogjoil	

Freitag	금요일
Gumjoil	

Samstag	토요일
Tojoil	

Sonntag	일요일
Irjoil	

Januar	1월
il-wol	

Februar	2월
i-wol	

März	3월
sam-wol	

April	4월
sa-wol	

| Mai | 5월 |
| o-wol | |

| Juni | 6월 |
| juk-wol | |

| Juli | 7월 |
| chil-wol | |

| August | 8월 |
| pal-wol | |

| September | 9월 |
| gu-wol | |

| Oktober | 10월 |
| si-wol | |

| November | 11월 |
| sibil-wol | |

| Dezember | 12월 |
| sibi-wol | |

Kleidung

옷   Ot

BH Brezie	브래지어
Kleid Dress	드레스
Badelatschen Flip Flop	플립 플랍
Hut Moza	모자
Jacke Ötu	외투
Jeans Chongbazi	청바지
Hosen Bazi	바지
Sandalen Sendul	샌들
Halstuch Scarf	스카프
Hemd Shirt	셔츠
Schuhe Sinbal	신발

Shorts
Banbazi

반바지

Rock
Chima

치마

Hosen
Bazi

바지

Socken
Jangmal

양말

Anzug
Zengzang

정장

Pullover
Suwetter

스웨터

Unterwäsche
Soggot

속옷

Farben

색상 Seksang

Beige Beizi	베이지
Schwarz geom-eunsaeg	검은색
Schwarz Gomzong	검정
blau Parang	파랑
Bronze Chongdong	청동
braun Galsek	갈색
Kreide Bunpil	분필
Farbe Seksang	색상
Buntstifte Sekjonpil	색연필
Färbung Chaksek	착색
Farben Seksang	색상

Malkreide Crejon	크레용
dunkel--- Erduun	어두운—
Dunkelblau Zitun Namsek	짙은 남색
Gold Guumsek	금색
Grau Hösek	회색
grün Noksek	녹색
Jade Oksek	옥색
hell--- Balgun	밝은--
Hellblau Hanulsek	하늘색
Marker chaejeomja	채점자
Orange Zuhwangsek	주황색
Farbe Sekche	색채

Pfirsich Salgusek	살구색
Stift Pen	펜
Bleistift Jonpil	연필
rosa Bunhongsek	분홍색
lila Borasek	보라색
Regenbogen Muzige	무지개
rot Ppalgansek	빨간색
Schattierungen Umjong	음영
Silber Un	은
bräunen Galsek	갈색
Türkis Teoki Oksek	터키 옥색
weiß Huinsek	흰색

Kochen

요리 Jori

Brot Pang	빵
Frühstück Achim Siksa	아침 식사
Kuchen Keik	케이크
Nachspeise Husik	후식
Abendessen Zonjok Siksa	저녁 식사
Gerichte Jori	요리
Fisch Sengson	생선
Gabel Pork	포크
Ich kann Abendessen kochen Zonun Zonjogul Jorihal Su Issumnida	저는 저녁을 요리할 수 있습니다
Ich backe gerne Zonun Zepangul Zoahamnida	저는 제빵을 좋아합니다
Ich koche gerne Zonun Jorirul Zoahamnida	저는 요리를 좋아합니다

Ich werde das Geschirr abwaschen Zega Solgozirul Hagessumnida	제가 설거지를 하겠습니다
Eiscreme Aisucreem	아이스크림
Messer Kal	칼
Mittagessen Zomsim Siksa	점심 식사
Mahlzeit Siksa	식사
Fleisch Gogi	고기
Mikrowelle Zonzareinzi	전자레인지
Ofen Obun	오븐
Pfanne Pen	팬
Kuchen Keik	케이크
Topf Nembi	냄비
Bratpfanne Fry Pen	프라이팬

Imbiss Gansik	간식
Löffel Sukkarak	숟가락
Herd Agungi	아궁이
Utensilien Zipki	집기

Länder

국가 Gukka

Brasilien Brasil	브라질
Kanada Kenada	캐나다
China Zungguk	중국
Frankreich Prans	프랑스
Deutschland Dogil	독일
Indien Indo	인도
Italien Italia	이탈리아
Japan Ilbon	일본
Korea Dehanminguk	대한민국
Mexiko Mexiko	멕시코
Pakistan Pakistan	파키스탄

Portugal Portugal	포르투갈
Russland Rossia	러시아
Spanien Spein	스페인
Taiwan Deman	대만
Vereinigte Staaten Miguk	미국

Partnersuche

데이트 Deit

Sind Sie der Richtige?
Dangsini Mannajo

당신이 맞나요?

Sind Sie die Richtige?
Dangsini Mannajo

당신이 맞나요?

Sind Sie mit jemandem zusammen?
Nugul Chaggo Gjesingajo

누굴 찾고 계신가요?

Können wir ein Selfie machen?
Selka Zigulsu Issulkkajo

같이 셀카 찍을 수 있을까요?Gachi

Könnten Sie bitte ein Foto von uns machen?
Uri Sazinul Bonezusilsu Issulkkajo

우리 사진을 보내주실 수 있나요?

Haben Sie einen Freund?
Namzachingu Issusingajo

남자친구 있으신가요?

Haben Sie eine Freundin?
Jozachingu Issusingajo

여자친구 있으신가요?

Wie viele Jahre sind Sie schon verheiratet?
Gjeronanzi Mjot Njon Dössjetnajo

결혼한지 몇 년 되셨나요?

Wie viele Jahre sind Sie schon zusammen?
Sagüsinzi Mjot Njon Dösjetnajo

사귀신지 몇 년 되셨나요?

Ich bin verlobt
Zonun Jakonhessumnida

저는 약혼했습니다

Ich bin verheiratet
Zonun Gjeronessumnida

저는 결혼했습니다

Ich bin Single Zonun Soloimnida	저는 솔로입니다
Ich weiß den Gedanken zu schätzen Sengake Zusjoso Gamsahamnida	생각해 주셔서 감사합니다
Ich habe mich in Sie verliebt Zonun Dangsinul Saranghejo	저는 당신을 사랑해요
Ich hoffe, es gefällt Ihnen Maume Dussjeossumjon Zokessojo	마음에 드셨으면 좋겠어요
Ich kenne ein tolles Lokal Zoun Gosul Algoissojo	좋은 곳을 알고 있어요
Ich kenne einen tollen Ort zum Essen Zoun Siksa Zangsorul Algoissojo	좋은 식사 장소를 알고 있어요
Ich liebe dich Nanun Nerul Saranghe	나는 너를 사랑해
Ich denke, wir sollten uns nicht mehr sehen Ze Sengage Urinun Ize Gman Mannaja Gessojo	제 생각에 우리는 이제 그만 만나야 겠어요
Ich möchte, dass dieser Moment für immer anhält I Sungani Jongwonessumjon Zokessojo	이 순간이 영원했으면 좋겠어요
Ich möchte mit Ihnen ausgehen Dangsingwa Deithago Sippojo	당신과 데이트하고 싶어요
Ich möchte Sie zu einem Date einladen Dangsinul Deite Chodehago Sippojo	당신을 데이트에 초대하고 싶어요
Ich werde dich immer lieben Enzena Dangsinul Saranghejo	언제나 당신을 사랑해요

Ich würde gerne mehr über Sie erfahren Dangsine Dehe Do Algo Sippojo	당신에 대해 더 알고 싶어요
Ich nehme dich heute Abend mit nach Hause Onul Bam Zibe Derjoda Zulgejo	오늘 밤 집에 데려다 줄게요
Es ist der Gedanke, der zählt Zungjohangen Senggagiejo	중요한 건 생각이에요
Es war Liebe auf den ersten Blick Chot Nune Banessojo	첫 눈에 반했어요
Lassen Sie uns getrennte Rechnungen zahlen Derchipeihejo	더치페이해요
Lass Sie uns ein Date haben Deithejo	데이트해요
Darf ich Ihre Hand halten? Son Zabado Dörkajo	손 잡아도 될까요?
Nein, bin ich nicht Anijo, Zonun Aniejo	아니요, 저는 아니에요
Nein, ich werde die Rechnung bezahlen Anijo, Zega Nelggejo	아니요, 제가 낼게요
Bitte rufen Sie mich nicht mehr an Do Isang Zonahazi Masejo	더 이상 전화하지 마세요
Bitte senden Sie mir keine E-Mails mehr Do Isang E-mail Bonezi Masejo	더 이상 이메일 보내지 마세요
Bitte schicken Sie mir keine SMS mehr Do Isang Munza Bonezi Masejo	더 이상 문자 보내지 마세요

Süße Träume Zal Zajo	잘 자요
Heute ist unser Jahrestag Onuri Ginjomiriejo	오늘이 기념일이에요
Wir haben uns auseinandergelebt Urinun Taro Zarassojo	우리는 따로 자랐어요
Was machen Sie dieses Wochenende? *Ibon Zumare Murhasejo*	이번 주말에 뭐하세요?
Was machen Sie morgen? *Neil Murhasejo*	내일 뭐하세요?
Wie lautet Ihre E-Mail-Adresse? *E-mail Zusoga Murejo*	이메일 주소가 뭐에요?
Wie lautet Ihre Telefonnummer? *Zonabonoga Murejo*	전화번호가 뭐에요?
Werden Sie mit mir zu Abend essen? Zoral Zonjerk Dusillejo	저랑 저녁 드실래요?
Gehen Sie mit mir aus? Zorang Gachi Nagallejo	저랑 같이 나갈래요?
Ja, ich habe einen Freund Ne, Zonun Namzachingguga Issojo	네, 저는 남자친구가 있어요
Ja, ich habe eine Freundin Ne, Zonun Jozachingguga Issojo	네, 저는 여자친구가 있어요
Du bist gutaussehend Zalsenggjennejo	잘생겼네요

Du bist heiß	섹시하네요
Sexyhanejo	
Du bist hübsch	귀엽네요
Güjopnejo	
Sie bedeuten mir sehr viel	당신은 내게 소중해요
Dangsinun Nege Sozunghejo	
Sie werden es lieben	마음에 들 거에요
Maume Dulggoejo	
Sie sind nicht mein Typ	당신은 내 타입이 아니에요
Dangsinun Ne Taibi Aniejo	

Wegbeschreibung

방향 **Banghjang**

Kann ich laufen?
Gorogal Su Issumnikka

걸어갈 수 있습니까?

Weiter in diese Richtung gehen
Banghjanguro Gjesog Gasipsio

이 방향으로 계속 가십시오 |

Muss ich ein Taxi nehmen?
Taxirul Tajaman Hamnikka

택시를 타야만 합니까?

Kennen Sie die Adresse?
Zusorl Asimnikka

주소를 아십니까?

Folgen Sie mir bitte
Zorl Tarawa Zusipsio

저를 따라와 주십시오

Gehen Sie diesen Weg
I Gillo Gasipsio

이 길로 가십시오

Links gehen
Önzoguro Gasipsio

왼쪽으로 가십시오

Rechts gehen
Ornzoguro Gasipsio

오른쪽으로 가십시오

Geradeaus gehen
Zikzinasipsio

직진하십시오

Gehen Sie 4 weitere Blöcke hoch
Ne-Block Do Gasipsio

4블록 더 가십시오

Ich suche ein Krankenhaus
Bjöngwonul Chaggo Issumnida

병원을 찾고 있습니다

Ich suche das Aquarium Suzoggwanul Chaggo Issumnida	수족관을 찾고 있습니다
Ich suche den Food-Court Food-Courtrul Chaggo Issumnida	푸드코트를 찾고 있습니다
Ich suche das Museum Bakmulgwanul Chaggo Issumnida	박물관을 찾고 있습니다
Ich suche die Polizeistation Gjongchalsorul Chaggo Issumnida	경찰서를 찾고 있습니다
Ich suche das Postamt Uchegugul Chaggo Issumnida	우체국을 찾고 있습니다
Ich suche den Zoo Dongmurwonul Chaggo Issumnida	동물원을 찾고 있습니다
Ich weiß nicht, wo das ist Guge Odinnunzi Morugessumnida	그게 어딨는지 모르겠습니다
Ich glaube, ich habe mich verlaufen GIrul Irun Got Gassumnida	길을 잃은 것 같습니다
Ich glaube, wir haben es verpasst Uriga Zinachin Got Gassumnida	우리가 지나친 것 같습니다
Ich werde Ihnen helfen Zega Dowadrigessumnida	제가 도와드리겠습니다
Ich habe mich verirrt Zonun Girul Irossumnida	저는 길을 잃었습니다
Ist es in der Nähe? Gakkaie Issumnikka	가까이에 있습니까?

Gibt es in der Nähe eine Toilette?
Hwazangsiri Gakkaie Issuminkka

화장실이 가까이에 있습니까?

Es befindet sich im 5. Stock
O-chunge Issumnida

5층에 있습니다

Es befindet sich auf der linken Seite
Önzoge Issumnida

왼쪽에 있습니다

Es befindet sich auf der rechten Seite
Ornzoge Issumnida

오른쪽에 있습니다

Es liegt hinter der Polizeiwache
Gjongchalso Düe Issumnida

경찰서 뒤에 있습니다

Das ist der Weg
I Girimnida

이 길입니다

Darf ich nach dem Weg fragen?
Bangjangul Murobwado Dögessumnikka

방향을 물어봐도 되겠습니까?

Bitte sagen Sie es mir noch einmal
Dasi Malhe Zusipsio

다시 말해 주십시오

Vielen Dank für Ihre Hilfe
Dowazusherso Gamsahamnida

도와주셔서 감사합니다

Wir müssen ein wenig mehr in die Tiefe gehen
Zogum Do Nerjergaja Hamnida

조금 더 내려가야 합니다

Wie lautet der Name des Gebäudes?
Gonmurui Irumi Ottoke Dömnikka

건물의 이름이 어떻게 됩니까?

Wie lautet der Straßenname?
Doromjongi Ottoke Dömnikka

도로명이 어떻게 됩니까?

Wo bin ich? Zega Odie Issumnikka	제가 어디에 있습니까?
Wo befinden wir uns auf dieser Karte? I Zidoeso Urinun Odie Issumnikka	이 지도에서 우리는 어딨습니까?
Wo befindet sich die U-Bahn? Zihacherun Odissumnikka	지하철은 어딨습니까?
Wo befindet sich der Bahnhof? Gichajogun Odissumnikka	기차역은 어딨습니까?
Wo geht es lang? Erne Zoguro Gamnikka	어느 쪽으로 갑니까?
Würden Sie mir bitte den Weg erklären? Bangjangul Sermjonghezusigessumnikka	방향을 설명해주시겠습니까?
Sie können es nicht verpassen Kamokzi Anulgomnida	까먹지 않을 겁니다

Elektronik

가전 Gazen

App	앱
App	

Mobiltelefon	휴대폰
Hudefon	

Computer	컴퓨터
Computer	

Herunterladen	다운로드
Daunlod	

Tastatur	키보드
Kibod	

Laptop	노트북
Notbook	

Bildschirm	모니터
Monitor	

Maus	마우스
Maus	

Radio	라디오
Radio	

Smartphone	스마트폰
Smartphone	

Smartwatch	스마트 워치
Smartwatch	

Tablet
Tablet

태블릿

Fernsehen
Television

텔레비전

Kabellos
Muson

무선

Emotionen

감정 Gamzong

Ganz genau! Zonghwakamnida	정확합니다!
Erstaunlich Nollapssumnida	놀랍습니다
Sind Sie verrückt? Michossumnikka	미쳤습니까?
Geht es Ihnen gut? Gönchanssumnikka	괜찮습니까?
Haben Sie den Verstand verloren? Zongsini Nagassumnikka	정신이 나갔습니까?
Ist das Ihr Ernst? Zinzihasimnikka	진지하십니까?
Cool Gönchanajo	괜찮아요
Regen Sie sich nicht auf Hwanezi Masipsio	화내지 마십시오
Mach dir keine Sorgen Gokzonghazi Masipsio	걱정하지 마십시오
Im Ernst? Zinsimimnikka	진심입니까?
Ich bin deprimiert Zonun U-ulhamnida	저는 우울합니다

Ich bin glücklich
Zonun Hengbokamnida

저는 행복합니다

Ich bin verrückt
Zonun Azu Hwanassumnida

저는 아주 화났습니다

Ich bin stinksauer
Zonun Chazengnassumnida

저는 짜증났습니다

Ich bin traurig
Zonun Slpumnida

저는 슬픕니다

Ich entschuldige mich
Zega Sagwadrimnida

제가 사과드립니다

Ich entschuldige mich dafür, dass ich zu laut war
Nomu Sikkuropke Han Zom Sagwadurimnida

너무 시끄럽게 한 점 사과드립니다

Ich entschuldige mich für meinen Fehler
Ze Silsue Dehe Sagwadurimnida

제 실수에 대해 사과드립니다

Ich glaube es nicht
Miggizi Anssumnida

믿기지 않습니다

Ich bin niedergeschlagen
Zonun Ulzokamnida

저는 울적합니다

Ich hoffe, Sie lösen das Problem bald
Munzerul Got Hegjorasigil Baramnida

문제를 곧 해결하시길 바랍니다

Ich bin enttäuscht
Zonun Silmanghessumnida

저는 실망했습니다

Ich bin enttäuscht von Ihnen
Zonun Dangsinege Silmanghessumnida

저는 당신에게 실망했습니다

Ich bin extrem unglücklich Zonun Zongmal Burenghamnida	저는 정말 불행합니다
Ich fühle mich gut Zonun Gibuni Zossumnida	저는 기분이 좋습니다
Es bricht mir das Herz Ze Maume Sangcherul Zuerssumnida	제 마음에 상처를 주었습니다
Ich bin nicht gut gelaunt Gibuni Zochi Anssumnida	기분이 좋지 않습니다
Es tut mir leid Zösonghamnida	죄송합니다
Tut mir leid, dass ich zu spät komme Nuzoser Zösonghamnida	늦어서 죄송합니다
Es tut mir leid, das zu hören Malssm Durni Jugamimnida	말씀 들으니 유감입니다
Es tut mir leid, dass ich Sie warten ließ Gidarige Heso Zösonghamnida	기다리게 해서 죄송합니다
Gibt es ein Problem Munzega Issumnida	문제가 있습니다
Es ist fantastisch Hwansangzogimnida	환상적입니다
Das ist mein Fehler Ze Silsuimnida	제 실수입니다
Es macht wirklich Spaß Zongmal Zemissumnida	정말 재밌습니다

Es ist beängstigend Musopssumnida	무섭습니다
Es ist zu lustig Nomu Sinnamnida	너무 신납니다
Natürlich Mullonizo	물론이죠
Oh je, das ist übel O Iren, Antakkamnejo	오 이런, 안타깝네요
Bitte hören Sie jetzt auf! Memchozusipsio	멈춰주십시오!
Beenden Sie das Spiel Norirul Kutnesipsio	놀이를 끝내십시오
Dankeschön Gamsahamnida	감사합니다
Vielen Dank für Ihre Hilfe Dawazusherso Gamsahamnida	도와주셔서 감사합니다
Das war Pech Uni Erpsossumnida	운이 없었습니다
Vielen Dank für alles Modu Gamsahamnida	모두 감사합니다
Vielen Dank für die Einladung Chode Gamsahamnida	초대 감사합니다
Das ist bedauerlich Jugamimnida	유감입니다

Das ist furchtbar Durjepssumnida	두렵습니다
Das ist spannend Hungmiropssumnida	흥미롭습니다
Das ist sehr nett von Ihnen Dangsinun Zongmal Chinzerasimnida	당신은 정말 친절하십니다
Wie schade Bukkropssumnida	부끄럽습니다
Was ist das Problem? Muosi Munzeibnikka	무엇이 문제입니까?
Sie machen Witze Nongdamasinungomnikka	농담하시는 겁니까
Sie waren eine große Hilfe Doumi Mani Dötssumnida	도움이 많이 되주셨습니다
Bitte sehr Chenmanejo	천만에요

Familie

가족   Gazok

Baby
Agi
아기

Freund
Chingu
친구

Bruder
Hjongze
형제

Kind
Ai
아이

Kinder
Aidul
아이들

Vetter
Sachon
사촌

Papa
Appa
아빠

Tochter
Ddal
딸

Haben Sie irgendwelche Familientraditionen?
Otten Gazok Zontongi Issusimnikka
어떤 가족 전통이 있으십니까?

Familie
Gazok
가족

Vater
Abozi
아버지

Freundin Jeoza Chingu	여자 친구
Opa Harabozi	할아버지
Großvater Harabozi	할아버지
Oma Halmoni	할머니
Großmutter Halmoni	할머니
Großeltern Zobumo	조부모
Ehemann Nampjon	남편
Ich bin ein Einzelkind Zonun Aiga Hanmjong issumnida	저는 아이가 한 명 있습니다
Ich bin in der Mitte Zonun Zunggane Issumnida	저는 중간에 있습니다
Ich bin der Älteste Zega Gazang Naiga Manssumnida	제가 가장 나이가 많습니다
Ich bin der Jüngste Zega Gazang Naiga Erimnida	제가 가장 나이가 어립니다
Ich habe eine große Familie Zonun Degazoge sokeissumnida	저는 대가족에 속해 있습니다

Ich habe eine kleine Familie	저는 핵가족에 속해 있습니다
Zonun Heggazoge soke issuminda	

Ich habe vier Geschwister	저는 형제자매가 네 명 있습니다
Zonun Hjongzezamega Ne Mjong Issuminda	

Ich wurde adoptiert	저는 입양되었습니다
Zonun Ibjangdössumnida	

verheiratet	결혼한
Gjeronan	

Mama	엄마
Eomma	

Mutter	어머니
Omoni	

Mein Vater hat wieder geheiratet	제 아버지는 재혼하셨습니다
Ze Abozinun Zehonassosumnida	

Meine Mutter hat wieder geheiratet	제 어머니는 재혼하셨습니다
Ze Omoninun Zehonassosumnida	

Meine Eltern sind geschieden	제 부모님은 이혼하셨습니다
Ze Bumonimun Ihonassosumnida	

Mein Schwester / mein Bruder wurde adoptiert	제 자매/형제는 입양되었습니다
Ze Zame / Hjongzenun Ibjandössumnida	

Eltern	부모님
Bumonim	

Schwester	딸
Ddal	

| Sohn | 아들 |
| Adul | |

| Ehepartner | 배우자 |
| Be-uza | |

| Es gibt keinen Ort wie Zuhause | 집만한 곳은 없습니다 |
| Zimmanan Gosun Opsumnida | |

| Das sind meine Eltern | 제 부모님이십니다 |
| Ze Bumonimisimnida | |

| Das ist meine Familie | 제 가족입니다 |
| Ze Gazogimnida | |

| Das ist mein älterer Bruder | 제 형입니다 |
| Ze Hjongimnida | |

| Das ist meine ältere Schwester | 제 누나입니다 |
| Ze Nunaimnida | |

| Das ist mein jüngerer Bruder | 제 남동생입니다 |
| Ze Namdongsengimnida | |

| Das ist meine jüngere Schwester | 제 여동생입니다 |
| Ze Jodongsengimnida | |

| Wir sehen uns nicht ähnlich | 우리는 닮지 않았습니다 |
| Urinun Damzi Annassumnida | |

| Wir streiten viel | 우리는 자주 싸웁니다 |
| Urinun Zazu Ssaumnida | |

| Wir mögen unterschiedliche Dinge | 우리는 다르게 생각합니다 |
| Urinun Daruge Senggakamnida | |

Wir sehen uns ähnlich Unirun Darmassumnida	우리는 닮았습니다
Wie groß ist der Altersunterschied? Nai Chaiga Ermana Namnikka	나이 차이가 얼마나 납니까?
Ehefrau Ane	아내
Du siehst aus wie dein Vater Dangsinun Dangsinü Abozirul Darmassumnida	당신은 당신의 아버지를 닮았습니다
Du siehst aus wie deine Mutter Dangsinun Dangsinü Omonirul Darmassumnida	당신은 당신의 어머니를 닮았습니다
jüngerer Bruder Namdongseng	남동생
jüngere Schwester Jodongsong	여동생
Ihre Familie sieht glücklich aus Dangsinü Gazogun Hengboke Boimnida	당신의 가족은 행복해 보입니다
Du siehst aus wie deine Mutter Dangsinun Dangsinü Omonirul Darmassumnida	당신은 당신의 어머니를 닮았습니다
Ihre Familie sieht glücklich aus Dangsinü Gazogun Hengboke Boimnida	당신의 가족은 행복해 보입니다

Lebensmittel

식료품　　　Singnjopum

Rindfleisch Sogogi	소고기
Bier Mekzu	맥주
Getränk Umnjo	음료
Flasche Bjöng	병
Schale Grut	그릇
Frühstück Achim Siksa	아침 식사
Brezel Prechel	프레첼
Brot & Brötchen Panggwa Zagun Pang	빵과 작은 빵
Huhn Dakkogi	닭고기
Apfelwein Sagwasul	사과술
Cola Cola	콜라

Kalte Nudeln Nengmjon	냉면
Currywurst Currywurst	커리부어스트
Schneidebrett Doma	도마
Knödel Mandu	만두
Eintopf Stew	스튜
Fischkaske Ermook	어묵
Gebratener Reis Bokkumbap	볶음밥
Heiße Nudeln Onmjon	온면
Kartoffelpuffer & Bratkartoffeln Gamzazon mit Gamzatügim	감자전 및 감자튀김
Käsespätzle Käsespätzle	케제슈페츨레
Kimchi Kimchi	김치
Mittagessen Zomsim Siksa	점심 식사

Mahlzeit Siksa	식사
Fleisch Gogi	고기
Milch Uju	우유
Nudeln Guksu	국수
Pfannkuchen Buchimge	부침개
Platte Jori	요리
Schweinefleisch Dözigogi	돼지고기
Reis Ssal	쌀
Roulades Roulade	룰라드
Sauerbraten Sauerbraten	사우어브라튼
Schnitzel Schnitzel	슈니첼
Schwarzwälder Kirschtorte Foret Noir Keik	포레 누아 케이크

Meeresfrüchte

Hesanmul

해산물

Nebengericht

Said Dish

사이드 디쉬

Snack

Snack

스낵

Tisch

Teibl

테이블

Wasser

Mul

물

Freundschaft

우정   Uzong

Jeder kann einen Fehler machen

Nuguna Silsuhal Su Issumnida

누구나 실수할 수 있습니다

Aufmunterung

Himnesejo

힘내세요

Nicht deprimiert sein

Gizukzi Majo

기죽지 마요

Vergessen Sie meinen Rat nicht

Ne Zoenul Izzi Marajo

내 조언을 잊지 말아요

Mach Sie sich keine Sorgen

Gokzong Marajo

걱정 말아요

Freund

Chingu

친구

Ich sende Ihnen gute Vibes

Zoun Giunul Bone Zulgejo

좋은 기운을 보내줄게요

Ich weiß, dass Sie das Richtige tun werden

Dangsini Orun Irul Handanun Ger Arajo

당신이 옳은 일을 한다는 걸 알아요

Ich hätte es auch so gemacht

Narado Guroke Hessulkkoejo

나라도 그렇게 했을 거에요

Ich helfe Ihnen, wenn es nötig ist

Pirjohal Te Dowazulkkejo

필요할 때 도와줄게요

Ich sage es Ihnen als Freund

Zonun Dangsinul Chingurago Malhejo

저는 당신을 친구라고 말해요

Es war einfach nicht Ihr Tag

Onul Gunjang Ilzini Anzoassojo

오늘 그냥 일진이 안좋았어요

Beim nächsten Mal wird es besser sein

Daumnenun Do Naazil Koejo

다음에는 더 나아질 거에요

Kopf hochhalten

Goge Durojo

고개 들어요

Lassen Sie uns etwas trinken gehen

Muorado Masiro Gajo

뭐라도 마시러 가요

Lassen Sie uns gemeinsam versuchen

Gachi Dozone Bwajo

같이 도전해 봐요

Das interessiert niemanden

Amudo Singjeong Anssojo

아무도 신경 안써요

Es besteht noch eine Chance

Azik Gihöga Issojo

아직 기회가 있어요

Wir glauben Ihnen

Urinun Dangsiul Midojo

우리는 당신을 믿어요

Was immer Sie brauchen

Pirjohan Gon Muosidunzi

필요한 건 무엇이든지

Sie sind wirklich cool

Dangsinun Zongmal Mozzerjo

당신은 정말 멋져요

Das nächste Mal können Sie es besser machen

Daumenun Do Zalhal Su Issojo

다음에는 더 잘할 수 있어요

Sie haben Ihr Bestes getan

Dangsinun Chösonul Dahessojo

당신은 최선을 다했어요

Sie haben nichts falsch gemacht
Dangsini Zalmotan Gosun Epsojo

당신이 잘못한 건 없어요

Sie müssen sich keine Sorgen machen
Gokzonghal Pirjo Epssojo

걱정할 필요 없어요

Sie haben einen Freund in mir
Zonun Dangsinui Chinguejo

저는 당신의 친구에요

Sie müssen das große Ganze sehen
Dangsinun Kun Grimul Bwaja Hejo

당신은 큰 그림을 봐야 해요

Obst & Gemüse
과일과 채소 Gwailgwa cheso

Mandel
Amond

아몬드

Apfel
Sagwa

사과

Avacado
Abokado

아보카도

Banane
Banana

바나나

Karotte
Danggun

당근

Sellerie
Seleri

샐러리

Kirsche
Cherry

체리

Mais
Oksusu

옥수수

Drachenfrucht
Jonggwa

용과

Durian
Durian

두리안

Knoblauch
Manual

마늘

Grapefruit Zamong	자몽
Weintrauben Podo	포도
Grüne Bohnen Wandukong	완두콩
Chinesische Dattel Dechu	대추
Kiwi Kiwi	키위
Zwergorange Gumgjul	금귤
Lauch Pa	파
Zitrone Lemon	레몬
Kopfsalat Jangbechu	양배추
Limette Laim	라임
Mango Mango	망고
Pilz Bosot	버섯

Nüsse *Gjongwarju*	견과류
Olive Olib	올리브
Zwiebel Jangpa	양파
Orange Orenzi	오렌지
Kartoffel Gamza	감자
Pfirsich Boksunga	복숭아
Erdnuss Ttangkong	땅콩
Birne Be	배
Erbse Kong	콩
Ananas Paineppl	파인애플
Pflaume Zadu	자두
Kürbis Hobak	호박

Rettich

Moo

무

Strawberry

Ddalgi

딸기

Wassermelone

Subak

수박

Gesundheitspflege

건강 관리 **Gengang Gwalli**

Tragen Sie diese Creme 3 Mal am Tag auf

I Crimul Harue Sebon Barrsipsio

이 크림을 하루에 3번 바르십시오

Rufen Sie bitte einen Arzt

Uisarul Bullozusipsio

의사를 불러주십시오

Rufen Sie bitte einen Krankenwagen

Gugupcharul Bullozusipsio

구급차를 불러주십시오

Kann ich es ohne Rezept kaufen?

Zindansoga Opssi Gumehal Su Issumnikka

진단서가 없이 구매할 수 있습니까?

Geht es Ihnen besser?

Do Naazessumnikka

더 나아졌습니까?

Fühlen Sie sich schlechter?

Do Nappazessumnikka

더 나빠졌습니까?

Haben Sie irgendwelche Allergien?

Allerziga Issumnikka

알러지가 있습니까?

Haben Sie eine Vorerkrankung?

Gizon Bjöngrjegi Issumnikka

기존 병력이 있습니까?

Sind Sie krankenversichert?

Gongang Bohome Durossumnikka

건강 보험에 들었습니까?

Erkälten Sie sich nicht

Gamgie Gerrizi Masipsio

감기에 걸리지 마십시오

Arbeiten Sie nicht zu hart

Murihage Iragi Masipsio

무리하게 일하지 마십시오

Trinken Sie viel Wasser Murul Mani Masisipsio	물을 많이 마시십시오
Füllen Sie Ihr Rezept in der Apotheke ein Jakguge Zindansorul Zechurasipsio	약국에 진단서를 제출하십시오
Haben Sie Ihre Medikamente eingenommen? Jagul Bogjonghassumnikka	약을 복용했습니까?
Hier ist Ihr Rezept Jogi Zindansoimnida	여기 진단서입니다
Wie geht es Ihnen? Ottoke Zinesimnikka	어떻게 지내십니까?
Mir geht es besser Zonun Naazessumnida	저는 나아졌습니다
Ich fühle mich nicht wohl Zonun Sangtega Zochi Anssumnida	저는 상태가 좋지 않습니다
So krank bin ich nicht Zonun Apuzi Anssumnida	저는 아프지 않습니다
Ich bin krank Zonun Apumnida	저는 아픕니다
Ich muss niesen Zonun Korul Puroja Hamnida	저는 코를 풀어야 합니다
Ich habe mir den Arm gebrochen Ze Pari Burerzessumnida	제 팔이 부러졌습니다
Ich habe mir das Bein gebrochen Ze Dariga Burerzessumnida	제 다리가 부러졌습니다

Ich werde nicht oft krank Zonun Zazu Apuzi Anssumnida	저는 자주 아프지 않습니다
Das glaube ich nicht Ze Sengagun Darumnida	제 생각은 다릅니다
Mir ist schwindlig Erzirussumnida	어지럽습니다
Ich fühle mich schwach Herjakage Nukkojimnida	허약하게 느껴집니다
Ich bin hingefallen Zonun Churakessumnida	저는 추락했습니다
Ich habe Fieber Zonun Jeri Issumnida	저는 열이 있습니다
Ich habe Kopfschmerzen Zonun Dutongi Issumnida	저는 두통이 있습니다
Ich habe einen Ausschlag Zonun Balzini Issumnida	저는 발진이 있습니다
Ich habe eine laufende Nase Zonun Konmuri Naomnida	저는 콧물이 나옵니다
Ich habe Allergien Zonun Allergiega Issumnida	저는 알러지가 있습니다
Ich habe Schluckauf Zonun Talkukzirul Hamnida	저는 딸꾹질을 합니다
Mir tut alles weh Zenchezoguro Apumnida	전체적으로 아픕니다

Ich blute immer noch
Zonun Pirul Gjesok Hullimnida

저는 피를 계속 흘립니다

Ich brauche ein Nickerchen
Zonun Nazzamul Zajagessumnida

저는 낮잠을 자야겠습니다

Ich muss dieses Medikament auffüllen
I Jagul Dasi Badajagessumnida

이 약을 다시 받아야겠습니다

Ich muss Ihnen eine Spritze geben
Zusarul Mazajagessumnida

주사를 맞아야겠습니다

Ich muss ein paar Bluttests machen
Hjerek Gomsarul Badajagessumnida

혈액 검사를 받아야겠습니다

Ich bin ausgerutscht
Zonun Mikkrozossumnida

저는 미끄러졌습니다

Ich werde Ihnen ein neues Rezept ausstellen
Zega Se Zindansorul Drigessumnida

제가 새 진단서를 드리겠습니다

Ich werde Sie ins Krankenhaus bringen
Zega Bjöngwone Derjoda Drigessumnida

제가 병원에 데려다 드리겠습니다

Ich habe überall blaue Flecken
Sabange Mengi Durossumnida

사방에 멍이 들었습니다

Ich bin erschöpft
Zonun Zicherssumnida

저는 지쳤습니다

Ich habe Krämpfe
Zonun Gjengrjeni Issumnida

저는 경련이 있습니다

Ich bin nicht mehr krank
Do Isang Apuzi Anssumnida

더 이상 아프지 않습니다

Mir geht es gar nicht so schlecht Grerke Nappuzi Anssumnida	그렇게 나쁘지 않습니다
Ich bin müde Zonun Pigonamnida	저는 피곤합니다
Gibt es in der Nähe ein Krankenhaus? Gakkaie Bjöngwoni Issumnida	가까이에 병원이 있습니까?
Gibt es sonst noch etwas, das Sie interessiert? Darun Munze Issumnikka	다른 문제 있습니까?
Ist das ein Generikum? Zenerigimnikka	제네릭입니까?
Es hätte schlimmer kommen können Do Nappazil Sudo Issossumnida	더 나빠질 수도 있었습니다
Es wird ein paar Tage dauern, um dies aufzufüllen Dasi Cheunun Deenun Ituri Gerrimnida	다시 채우는 데에는 이틀이 걸립니다
Es ist ein Notfall Gingup Sanghwangimnida	긴급 상황입니다
Legen Sie sich bitte auf das Bett Chimdee Nuerzusipsio	침대에 누워주십시오
Lassen Sie mich Ihren Blutdruck messen Hjorabul Chukzonghagessumnida	혈압을 측정하겠습니다
Lassen Sie mich Ihre Temperatur messen Cheonul Chukzonghagessumnida	체온을 측정하겠습니다
Lassen Sie mich Ihr Gewicht nehmen Chezungul Chukzonghagessumnida	체중을 측정하겠습니다

Meine Lippen sind spröde
Ipsuri Gochimnida

입술이 거칩니다

Mein Nacken tut weh
Mogi Apumnida

목이 아픕니다

Mein Bauch tut weh
Bessogi Apumnida

뱃속이 아픕니다

Den Mund öffnen
Ibul Josipsio

입을 여십시오

Bitte füllen Sie dieses Rezept aus
I Zindansorul Zaksonghasipsio

이 진단서를 작성하십시오

Atmen Sie bitte tief ein
Sumul Gipke Masisipsio

숨을 깊게 마시십시오

Passen Sie auf sich auf
Momzori Zal Hasipsio

몸조리 잘 하십시오

Bringen Sie mich bitte ins Krankenhaus
Zorul Bjöngwone Derjoda Zusipsio

저를 병원에 데려다 주십시오

Zweimal täglich mit einer Mahlzeit einnehmen
Siksawa Hamkke Harue Du Ben Bogjonghasipsio

식사와 함께 하루에 두 번 복용하십시오

Die Blutung will nicht aufhören
Churreri Momchuzi Anssumnida

출혈이 멈추지 않습니다

Der Arzt wird bald hier sein
Uisaga Got Dochakal Gosimnida

의사가 곧 도착할 것입니다

Die Grippe geht um
Dokkami Juhenghago Issumnida

독감이 유행하고 있습니다

Dieses Medikament wirkt gut gegen dieses Problem
I Jagun Gu Zungsange Hjogwaga Issumnida

이 약은 그 증상에 효과가 있습니다

Was sind die Nebenwirkungen?
Buzagjongun Muosimnikka

부작용은 무엇입니까?

Was sind Ihre Symptome?
Zungsangi Muosimnikka

증상이 무엇입니까?

Was hat Sie hergeführt?
Muot Temune Osherssumnikka

무엇 때문에 오셨습니까?

Um welche Medikamente handelt es sich?
Igon Musun Jagimnikka

이건 무슨 약입니까?

Welche Medikamente nehmen Sie ein?
Musun Jagul Bogjonghasimnikka

무슨 약을 복용하십니까?

Was ist der Unterschied zwischen diesen Medikamenten?
I Jakdul Saie Chainun Muosimnikka

이 약들 사이의 차이는 무엇입니까?

Wo ist ein Arzt?
Uisanun Odissumnikka

의사는 어딨습니까?

Welches funktioniert besser?
Otton Ge Do Hjogwaga Zossumnikka

어떤 게 더 효과가 좋습니까?

Ja, es macht Sie schläfrig
Ne, Igon Zollyge Mandumnida

네, 이건 졸리게 만듭니다

Sie haben einen Ausschlag
Dangsinun Balzini Issumnida

당신은 발진이 있습니다

Sie sehen gut aus
Dangsinun Gönchana Boimnida

당신은 괜찮아 보입니다

| Sie können jetzt nach Hause gehen | 이제 집에 가셔도 됩니다 |
| Ize Zibe Gasherdo Dömnia | |

| Sie benötigen eine Röntgenaufnahme | x선 검사가 필요합니다 |
| X-Son Gomsaga Pirjohamnida | |

| Sie brauchen dieses Medikament | 당신은 이 약이 필요합니다 |
| Dangsinun I Jagi Pirjohamnida | |

| Sie müssen an der Rezeption einchecken | 창구에서 수납하셔야 합니다 |
| Changgueso Sunapasherjahamnida | |

| Sie müssen sich im Krankenhaus anmelden | 병원에 수납하셔야 합니다 |
| Björngwone Sunapasherja Hamnida | |

| Sie sollten ins Krankenhaus gehen | 병원에 가셔야 합니다 |
| Björngwone Gasherja Hamnida | |

| Das sollten Sie tun, als hätten Sie eine Erkältung | 감기에 걸리면 이렇게 해야 합니다 |
| Gamgie Gerrimjon Iroke Heja Hamnida | |

| Ihr Blutdruck ist hoch | 당신의 혈압이 높습니다 |
| Dangsinui Hjerabi Nopssumnida | |

Feiertage

기념일   *Ginomil*

Buddha's Geburtstag Sokkatansinil	석가탄신일
Tag der Kinder Erininal	어린이날
Weihnachten Krismas	크리스마스
Chuseok Chuseok	추석
Ostern Buhwalzol	부활절
Halloween Halloween	핼러윈
Hangul-Tag Hangulnal	한글날
Tag der Unabhängigkeitsbewegung Samilzol	삼일절
Volkstrauertag Gukmin Edoe Nal	국민 애도의 날
Tag der Bewegung Undonge Nal	운동의 날
Nationaler Stiftungstag Gongukzol	건국절

Tag der nationalen Befreiung Gwangbokzol	광복절
Neujahr Seollal	설날
Seotdal Geumeum Soddal Gumunnal	섯달 그믐날
Erntedankfest Chusugamsazol	추수감사절
Valentinstag Balentain Day	발렌타인 데이
Himmelfahrtstag Gechonzol	개천절
Pfingstmontag Osunzol	오순절
Tag der Deutschen Einheit *Dogil Tongil Ginomil*	독일 통일 기념일

Haushalt

가계　Gagje

Wecker Alam Sigje	알람시계
Wohnung Zugozi	주거지
Dachboden Darakbang	다락방
Hinterhof Düttul	뒷뜰
Keller Zihasil	지하실
Badezimmer Joksil	욕실
Badewanne Jokzo	욕조
Bett Chimde	침대
Schlafzimmer Chimsil	침실
Bücherregal Chekzang	책장
Decke Chonzang	천장

Stuhl Uiza	의자
Computer Computer	컴퓨터
Tasse Cup	컵
Schrank Chanzang	찬장
Schreibtisch Cheksang	책상
Esszimmer Sikdang	식당
Esstisch Siktak	식탁
Geschirrspüler Siggi Sechokki	식기 세척기
Tür Mun	문
Boden Badak	바닥
Blumentopf Hwabun	화분
Gefrierschrank Nengdongo	냉동고

Bratpfanne Fry Pan	프라이팬
Möbel Gagu	가구
Garten Zongwon	정원
Haus/Wohnung Zip	집
Wasserkocher Zuzonza	주전자
Küche Zubang	주방
Lampe Lemp	램프
Glühbirne Zongu	전구
Wohnzimmer Gosil	거실
Haupt-Schlafzimmer Zungang Chimsil	중앙 침실
Medikamentenschrank Jakpum Sunapzang	약품 수납장
Mikrowelle Zonzaleingi	전자레인지

Spiegel Goul	거울
Ofen Obun	오븐
Gemälde Höhwa	회화
Bild Gurim	그림
Kissen Bangsok	방석
Pflanze Sigmul	식물
Poster Poster	포스터
Topf Nembi	냄비
Radio Radio	라디오
Kühlschrank Nengzanggo	냉장고
Dach Zibung	지붕
Zimmer Bangsok	방

Teppich Kapett	카페트
Dusche Shawo	샤워
Waschbecken Gesude	개수대
Sofa Sofa	소파
Treppe Gedan	계단
Herd Nallo	난로
Tisch Takza	탁자
Fernsehen Tellevizon	텔레비전
Toaster Tosutugi	토스트기
Toilette Bjöngi	변기
Kleiderschrank Ozzang	옷장
Waschmaschine Setaki	세탁기

Immigration

이민   Imin

Sind Sie ein ständiger Einwohner?

Jongyugwonzaisimnikka

영주권자이십니까?

Kann mich ein Anwalt begleiten?

Bjönosaga Dongsokalsu Issumnikka

변호사가 동석할 수 있습니까?

Haben Sie einen Dolmetscher?

Tongjoksaga Issusimnikka

통역사가 있으십니까?

Haben Sie irgendwelche verbotenen Gegenstände?

Gumzi Mulpumul Gazigo Gjesimnikka

금지 물품을 가지고 계십니까?

Haben Sie etwas, das die Zollgrenze überschreitet?

Segwan Gjuzee Übandönun Mulgoni Issumnikka

세관 규제에 위반되는 물건이 있습니까?

Eine gute Reise

Zlgoun Joheng Dösipsio

즐거운 여행 되십시오

Wie lange wird es dauern?

Ermana Gerrimnikka

얼마나 걸립니까?

Wie lange werden Sie sich aufhalten?

Ermana Ore Momrusimnikka

얼마나 오래 머무르십니까?

Wie hoch ist die Gebühr?

Susurjonun Ermaimnikka

수수료는 얼마입니까?

Ich bin ein Student

Zonun Haksengimnida

저는 학생입니다

Ich bin hier, um Sehenswürdigkeiten zu besichtigen

Zonun Gwangwangharo Jogie Wassumnida

저는 관광하러 여기에 왔습니다

Ich möchte einen Einbürgerungsantrag stellen Gühwarul Sinchonghago Sipssumnida	귀화를 신청하고 싶습니다
Ich möchte mein Visum verlängern Bizarul Gengsinago Sipssumnida	비자를 갱신하고 싶습니다
Ist die doppelte Staatsbürgerschaft erlaubt? Izung Gukzogi Hejongdömnikka	이중 국적이 허용됩니까?
Es ist genehmigt worden Sungindötssumnida	승인되었습니다
Es wurde verweigert Kebudötssumnida	거부되었습니다
Es ist in Ordnung, wenn Sie gehen Gasherdo Dömnida	가셔도 됩니다
Sie sind noch nicht an der Reihe Azik Gühaui Charjega Animnida	아직 귀하의 차례가 아닙니다
Mein Visum ist abgelaufen Ze Bizaga Malljodötssuminda	제 비자가 만료되었습니다
Holen Sie es ab, wenn Sie gehen Tonal Te Surjonghasipsio	떠날 때 수령하십시오
Bitte kommen Sie morgen wieder Neil Dasi Wa Zusipsio	내일 다시 와 주십시오
Bitte füllen Sie den Antrag aus Sinchongsorul Dasi Zaksonghe Zusipsio	신청서를 작성해 주십시오
Bitte begeben Sie sich in den zweiten Vorführraum Ipguksimsasilro Idonghe Zusipsio	입국심사실로 이동해 주십시오

Bitte lassen Sie Ihre Sachen hier
Sozipumul Jogie Dusipsio

소지품을 여기에 두십시오

Bitte warten Sie auf Ihrem Platz
Zwasogeso Degihe Zusipsio

좌석에서 대기해 주십시오

Die verantwortliche Person ist nicht da
Chegimzanun Jogie Opssumnida

책임자는 여기에 없습니다

Dies ist ein Schreiben meines Bürgen
Ze Bozungine Sersiniminda

제 보증인의 서신입니다

Welche Unterlagen sind erforderlich?
Pirjohan Sorjunun Otten Gosi Issumnikka

필요한 서류는 어떤 것이 있습니까?

Aus welchem Land kommen Sie?
Onu Naraeso Osherssumnikka

어느 나라에서 오셨습니까?

Was ist das Verfahren für die Einbürgerung
Gühwa Zerchaga Ottoke Dömnikka

귀화 절차가 어떻게 됩니까

Was ist der Grund für Ihren Besuch in Korea?
Hangugul Bangmunan Zogi Issumnikka

한국을 방문한 목적이 무엇입니까?

Was ist der Grund für Ihren Besuch?
Bangmunui Mokzogi Muosimnikka

방문의 이유가 무엇입니까?

Welche Art von Visum haben Sie?
Otten Bizarul Gazigo Gjesimnikka

어떤 비자를 가지고 계십니까?

Welche Arbeit machen Sie in Korea?
Hangugeso Otten Irul Hasimnikka

한국에서 어떤 일을 하십니까?

Wo arbeiten Sie?
Odieso Irasimnikka

어디에서 일하십니까?

Ihnen fehlen einige Dokumente Munsoe Ilbuga Nurakdötssumnida	문서가 일부 누락되었습니다
Sie können ihn auch online einreichen Onlinenurodo Zechural Su Issumnida	온라인으로도 제출할 수 있습니다
Sie benötigen ein Foto Sazini Pirjohamnida	사진이 필요합니다
Sie müssen ein Interview führen Interviewrul Bwajahamnida	인터뷰를 봐야 합니다
Sie müssen durch den Scanner gehen Gomsaderul Tongwaheja Hamnida	검사대를 통과해야 합니다
Sie müssen es notariell beglaubigen lassen Gongzungul Badaja Hamnida	공증을 받아야 합니다
Ihre Bewerbung wurde angenommen Sinchongi Tonggwadötssumnida	신청이 통과되었습니다
Ihre Bewerbung wurde nicht angenommen Sinchongi Tonggwadözi Annassumnida	신청이 통과되지 않았습니다
Ihre Dokumente sind bearbeitet worden Munsoga Cherridötssumnida	문서가 처리되었습니다
Ihr Reisepass ist abgelaufen Gühaui Jogwonun Manrjodötsumnida	귀하의 여권은 만료되었습니다
Ihr Visum ist abgelaufen Gühaui Bizanun Manrjodötssumnida	귀하의 비자는 만료되었습니다

Zahlen

숫자 **Suzza**

Eins
Il
일

Zwei
I
이

Drei
Sam
삼

Vier
Sa
사

Fünf
O
오

Sechs
Juk
육

Sieben
Chil
칠

Acht
Pal
팔

Neun
Gu
구

Zehn
Sip
십

Elf
Sibil
십일

Zwölf Sibil	십이
Dreizehn Sipsam	십삼
Vierzehn Sipsa	십사
Fünfzehn Sibo	십오
Sechzehn Sibjuk	십육
Siebzehn Sipchil	십칠
Achtzehn Sippal	십팔
Neunzehn Sipgu	십구
Zwanzig Isip	이십
Einundzwanzig Isipil	이십일
Dreißig Samsip	삼십
Vierzig Sasip	사십

Fünfzig Osip	오십
Sechzig Juksip	육십
Siebzig Chilsip	칠십
Achtzig Palsip	팔십
Neunzig Gusip	구십
Einhundert Bek	백
Eintausend Chen	천
Zehntausend Man	만
Einhunderttausend Simman	십만
Eine Million Bengman	백만

Im Flugzeug

비행기에서 **Bihenggieser**

Kann ich auf die Toilette gehen?
Hwazangsire Gal Su Issumnikka

화장실에 갈 수 있습니까?

Kann ich mich auf einen anderen Platz setzen?
Darun Zwasoguro Ormgil Su Issumnikka

다른 좌석으로 옮길 수 있습니까?

Haben Sie einen Schlafmaske?
Sumjon Andega Issumnikka

수면 안대가 있습니까?

Ich werde luftkrank
Zonun Hanggongbjönge Gerretssumnida

저는 항공병에 걸렸습니다

Ich muss mich übergeben
Zonun Tohejagessumnida

저는 토해야겠습니다

Es ist eine Notsituation
Gingup Sanghwangimnida

긴급 상황입니다

Darf ich die Speisekarte sehen?
Siksa Menjurul Bol Su Issumnikka

식사 메뉴를 볼 수 있습니까?

Mein Handgepäck ist schwer
Ze Suhamurun Mugopssumnida

제 수하물은 무겁습니다

Bitte schnallen Sie sich an
Anzonddirul Mezusipsio

안전띠를 매주십시오

Bitte füllen Sie die Ankunftskarte aus
Ipguk Singoserul Zaksonghezusipsio

입국 신고서를 작성해 주십시오

Bitte füllen Sie die Zollkarte aus
Segwan Singoserul Zaksonghezusipsio

세관 신고서를 작성해 주십시오

Bitte folgen Sie den Anweisungen des Flugbegleiters Sungmuwone Annerul Tarazusipsio	승무원의 안내를 따라 주십시오
Bitte geben Sie mir eine Decke Damjorul Zusipsio	담요를 주십시오
Bitte helfen Sie mir, meinen Platz zu finden Ze Zwasogul Channun Gosul Dowazusipsio	제 좌석을 찾는 것을 도와주십시오
Bitte legen Sie Ihr Mobiltelefon weg Hjudeponul Kozusipsio	휴대폰을 꺼주십시오
Bitte stellen Sie das Tablett auf Sonbanul Orrjezusipsio	선반을 올려주십시오
Bitte richten Sie Ihren Sitz auf Zwasogul Sewozusipsio	좌석을 세워주십시오
Bitte kehren Sie auf Ihren Platz zurück Zwasoguro Doragazusipsio	좌석으로 돌아가 주십시오
Die Armlehne ist defekt Palgoriga Gozangnassumnida	팔걸이가 고장났습니다
Der Stuhl ist defekt Uizaga Gozangnassumnida	의자가 고장났습니다
Das Licht funktioniert nicht Zondungi Zakdonghazi Anssumnida	전등이 작동하지 않습니다
Das Video funktioniert nicht Dongjongsangi Zakdonghazi Anssumnida	동영상이 작동하지 않습니다
Das ist mein Platz Ze Zariimnida	제 자리입니다

Wir sind in Turbulenzen geraten
Nangirurul Zinagago Issumnida

난기류를 지나고 있습니다

Wie ist die Ortszeit?
Hjonzi Siganun Mjot Siimnikka

현지 시간은 몇 시입니까?

Was ist Ihr endgültiges Ziel?
Chözong Mokzokziga Odiimnikka

최종 목적기가 어디입니까

Wann wird das Essen serviert?
Siksanun Onze Zegongdömnikka

식사는 언제 제공됩니까?

Wann werden wir ankommen?
Onze Dochakamnikka

언제 도착합니까?

Wann heben wir ab?
Onze Irjukamnikka

언제 이륙합니까?

Möchten Sie Huhn oder Rindfleisch?
Dakkogiro Hasigessumnikka

닭고기로 하시겠습니까, 소고기로 하시겠습니까?

Würden Sie bitte Ihre Sitzplatznummer überprüfen?
Zwasok Bonorul Hwaginhedo Dögessumnikka

좌석 번호를 확인해도 되겠습니까?

Polizeiwache

경찰서   Gjongchalso

Wollen Sie mir drohen?
Zorul Ühjöphago Sipusimnikka

저를 위협하시고 싶으십니까?

Haben Sie jemanden, den wir anrufen können?
Zohüga Zonahal Su Innun Buni Issumnikka

저희가 전화할 수 있는 분이 있습니까?

Er hat schwarzes Haar
Gui Morisegun Gomzongimnida

그의 머리색은 검은색입니다

Er hat braunes Haar
Gui Morisegun Galsegimnida

그의 머리색은 갈색입니다

Er hat helles Haar
Gui Morisegun Balgun Segimnida

그의 머리색은 밝은 색입니다

Er rannte weg
Gunun Dozuhassumnida

그는 도주했습니다

Er schoss auf mich
Guga Narul Swassumnida

그가 나를 쐈습니다

He stole from me
Guga Ne Gosul Humchossumnida

그가 내 것을 훔쳤습니다

Er hat mich bestohlen
Guga Narul Ühjöphessumnida

그가 나를 위협했습니다

Er hat versucht, mein Portemonnaie zu stehlen
Guga Ne Zigabul Humchirje Hassumnida

그가 내 지갑을 훔치려고 했습니다

Wie viel Geld wurde gestohlen?
Dodukmazun Donun Ermana Dömnikka

도둑맞은 돈은 얼마나 됩니까?

Ich sage die Wahrheit
Zonun Zinsirul Malhamnida

저는 진실을 말합니다

Ich habe sie auf frischer Tat ertappt
Zega Bomheng Zungin Gunjerul Chepohessumnida

제가 범행 중인 그녀를 체포했습니다

Ich habe ihn auf frischer Tat ertappt
Zega Bomheng Zungin Gurul Chepohessumnida

제가 범행 중인 그를 체포했습니다

Ich erinnere mich nicht
Zonun Giogi Nazi Anssumnida

저는 기억이 나지 않습니다

Ich möchte keine Anzeige erstatten
Zonun Gosohago Sipzi Anssumnida

저는 고소하고 싶지 않습니다

Ich wurde überfallen
Zonun Sepkjökdanghessumnida

저는 습격당했습니다

Mir wurde beklaut
Zonun Somechigidanghessumnida

저는 소매치기당했습니다

Ich wurde ausgeraubt
Zonun Kangdodanghessumnida

저는 강도당했습니다

Ich brauche Hilfe
Zonun Doumi Pirjohamnida

저는 도움이 필요합니다

Ich habe es aufgezeichnet
Zega Gugosul Nogumhessumnida

제가 그것을 녹음했습니다

Ich habe es gesehen
Zega Gugosul Boassumnida

제가 그것을 보았습니다

Ich möchte Anzeige erstatten
Zonun Gosohago Sipssumnida

저는 고소하고 싶습니다

Ich werde Sie bei der Polizei anzeigen

Zega Dangsinul Gjongchare Singohal Gosimnida

제가 당신을 경찰에 신고할 것입니다

Gehen wir auf die Polizeiwache

Gjongchalsoro Gapsida

경찰서로 갑시다

Mir wurde etwas aus der Tasche gestohlen

Ze Gabang Nejongmurul Dodukmazassumnida

제 가방 속 내용물을 도둑맞았습니다

Meine Brieftasche wurde gestohlen

Ze Zagun Gabangul Dodukmazassumnida

제 작은 가방을 도둑맞았습니다

Meine Geldbörse wurde gestohlen

Ze Zigabul Dodukmazassumnida

제 지갑을 도둑맞았습니다

Bitte rufen Sie die Polizei

Gjongcharul Bullowa Zusipsio

경찰을 불러주십시오

Bitte füllen Sie den Bericht aus

Bogosorul Zaksonghe Zusipsio

보고서를 작성해 주십시오

Bitte kommen Sie schnell hierher

Jogiro Palli Wazusipsio

여기로 빨리 와주십시오

Bitte geben Sie mir den genauen Standort an

Zonghwakan Üchirul Alljo Zusipsio

정확한 위치를 말씀해 주십시오

Bitte helfen Sie mir

Zorul Dowazusejo

저를 도와주세요

Sie lief weg

Gunjonun Domanggassumnida

그녀는 도망갔습니다

Sie hat auf mich geschossen

Gunjoga Zorul Swassumnida

그녀가 저를 쐈습니다

Sie hat mich bestohlen
Gunjoga Ze Gosul Humchossumnida

그녀가 제 것을 훔쳤습니다

Sie hat mir gedroht
Gunjoga Zorul Ühjöphessumnida

그녀가 저를 위협했습니다

Sie hat versucht, meine Brieftasche zu stehlen.
Gunjoga Ze Zagun Gabangul Humchirjergo Sidohassumnida

그녀가 제 작은 가방을 훔치려고 시도했습니다

Das ist die Person dort drüben
Zogi Gu Saramimnida

저기 그 사람입니다

Die Person lügt
Saramun Gerzimarul Hago Issumnida

이 사람은 거짓말을 하고 있습니다ㅣ

Dies ist der Beweis
Igosi Zenggerimnida

이것이 증거입니다

Dieser Mann hat mich überfallen
I Namzaga Zorul Supgjerkhessumnida

이 남자가 저를 습격했습니다

Wir sind in Gefahr
Ühemhan Sanghwangimnida

위험한 상황입니다

Wir werden Sie kontaktieren, wenn wir Informationen für Sie haben

당신을 위한 정보가 있을 경우 당신에게 연락드리겠습니다

Dangsinul Ühan Zongboga Issul Kjongu Dangsinege Jonrakdurigessumnida

Wir werden Sie kontaktieren, wenn wir weitere Informationen benötigen

추가 정보가 필요한 경우 당신에게 연락드리겠습니다

Chuga Zongboga Pirjohan Kjongu Jonrakdurigessumnida

Wir werden das prüfen
Zohüga Zosahagessumnida

저희가 조사하겠습니다

Wie sieht er aus?

Gunun Ottoke Senggjossumnikka

그는 어떻게 생겼습니까?

Was war in Ihrer Handtasche?

Dangsinui Zigabenun Muossi Issossumnikka

당신의 지갑에는 무엇이 있었습니까?

Wann ist es passiert?

Onze Irernan Irimnikka

언제 일어난 일입니까?

Wo ist das passiert?

Odiser Irenan Irimnikka

어디서 일어난 일입니까?

Restaurant

레스토랑   Restaurant

Bar	바
Bar	
Bringen Sie mir die Rechnung, bitte	계산 부탁드립니다
Gjesan Butakdurimnida	
Haben Sie eine Reservierung?	예약하셨습니까?
Jejakhassjesumnikka	
Getränk	음료
Umrjo	
Essen	음식
Umsik	
Geben Sie mir bitte mehr Zeit zum Suchen	조금 더 살펴볼 시간을 주십시오
Zogum do Salpjerbol Siganul Zusipsio	
Haben Sie das schon ausprobiert?	이걸 드셔보셨습니까?
Igol Dussjobossjossumnikka	
Ich habe zu viel gegessen	너무 많이 먹었습니다
Nomu Mani Moggossumnida	
Ich hätte gerne eine Hundetüte, bitte	개 배변 봉투를 부탁드립니다
Ge Bebjön Bongturul Butakdurimnida	
Ist das scharf?	이것은 맵습니까?
Igosun Messumnikka	
Ist dieser Tisch in Ordnung?	테이블 상태는 괜찮습니까?
Teibul Sangtenun Gönchansumnikka	

Darf ich bitte Stäbchen haben? Zokkarak Zom Zusigessumnikka	젓가락 좀 주시겠습니까?
Kann ich bitte eine Gabel haben? Prok Zom Zusigessumnikka	포크 좀 주시겠습니까?
Kann ich bitte ein Glas Wasser haben? Mul Han Zan Zusigessumnikka	물 한 잔 주시겠습니까?
Darf ich bitte eine Weinkarte sehen? Wain Listrul Bojozusigessumnikka	와인 리스트를 보여주시겠습니까?
Darf ich Ihre Bestellung aufnehmen? Zumun badado Dögessumnikka	주문 받아도 되겠습니까?
Bitte bringen Sie mir die Rechnung Gjesan Butakdurimnida	계산 부탁드립니다
Tisch Teibul	테이블
Das Essen ist kalt Umsigi Chagapsumnida	음식이 차갑습니다
Das ist nicht das, was ich bestellt habe Igon Zega Zumunan Umsigi Animnida	이건 제가 주문한 것이 아닙니다
Welches Bier haben Sie? Otton Mekzuga Issumnikka	어떤 맥주가 있습니까?
Was ist in diesem Gericht enthalten? I Jorien Muosi Duroissumnikka	이 요리에 무엇이 들어있습니까?
Welche Soda haben Sie? Otton Tansanumrjoga Issumnikka	어떤 탄산 음료가 있습니까?

Warum dauert es so lange?

Ö Irokke Ore Gerlimnikka

왜 이렇게 오래 걸립니까?

Möchten Sie an der Bar sitzen?

Bar Zwasogge Anzusigessumnikka

바 좌석에 앉으시겠습니까?

Wörter und Sätze aus der Schule

학교의 단어 및 표현   Hakjoui Danwo

Gibt es Stipendien?

Zanghakumi Itsumnikka

장학금이 있습니까?

Berechnung

Gesan

계산

Der Unterricht wurde abgesagt

Suobi Chüsodötsumnida

수업이 취소되었습니다

Klasse hat sich verschoben

Suobi Idonghassumnida

수업이 이동했습니다

Unterricht hat begonnen

Suobi Sizakessumnida

수업이 시작했습니다

Der Unterricht ist beendet

Suobi Kunnassumnida

수업이 끝났습니다

Klassenzimmer

Gjosil

교실

Haben Sie Ihre Hausaufgaben gemacht?

Sukzerul Hessumnikka

숙제를 했습니까?

Sind Sie bei der Prüfung durchgefallen?

Sihome Torozosumnikka

시험에 떨어졌습니까?

Haben Sie den Test bestanden?

Sihome Tonggwahessumnikka

시험에 통과했습니까?

Haben Sie sich Notizen gemacht?

Pilgirul Hassumnikka

필기를 했습니까?

Haben Sie den Test gemacht? Sihomul Vassumnikka	시험을 봤습니까?
Englisch Jong-o	영어
Geschichte Jok-sa	역사
Hausaufgaben Sukje	숙제
Wie ist der Unterricht? Suobun Ottossumnikka	수업은 어떻습니까?
Ich bin ein Student Zonun Haksengimnida	저는 학생입니다
Ich bin auch ein Student Zodo Haksengimnida	저도 학생입니다
Ich bin verwirrt Zonun Honnansurropsumnida	저는 혼란스럽습니다
Ich habe die Hausaufgaben nicht gemacht Zonun Sukzerul Hazi Annassumnida	저는 숙제를 하지 않았습니다
Ich habe die Hausaufgaben gemacht Zonun Sukzerul Hassumnida	저는 숙제를 했습니다
Das verstehe ich nicht Zonun Ihega gazi Ansumnida	저는 이해가 가지 않습니다
Ich habe eine Frage Zilmuni Issumnida	질문이 있습니다

Ich wohne in einem Studentenwohnheim
Zonun Gisuksae Salgo Issumnida

저는 기숙사에 살고 있습니다

Ich rufe die Anwesenheit auf
Zega Chulsogul Burugesumnida

제가 출석을 부르겠습니다

Das ist eine schwierige Frage
Erjeun Zilmunimnida

어려운 질문입니다

Lasst uns anfangen
Sizake bopsida

시작해 봅시다

Mathe
Suhak

수학

Darf ich Ihre Notizen sehen?
Pilgirul Bojozulsil Su Ikkesumnikka

필기를 보여주실 수 있겠습니까?

Direktor
Gjozang

교장

Professor
Gjosu

교수

Schule
Hakjo

학교

Wissenschaft
Gwahak

과학

Studentenausweis
Haksengzung

학생증

Nehmen Sie bitte Ihr Buch heraus
Chegul Konesipsio

책을 꺼내십시오

Lehrer Gjosa	교사
Test Siheom	시험
Seite 37 aufschlagen 37Zzogul Pjosipsio	37쪽을 펴십시오
Wollen Sie gemeinsam studieren Gachi Gongbuhago Sipusimnikka	같이 공부하고 싶으십니까
Was haben Sie bei dem Test erreicht? Sihomul Ottoke Bosiossumnikka	시험을 어떻게 보셨습니까?
Was studieren Sie? Otten Gwamogul Gongbuhasimnikka	어떤 과목을 공부하십니까?
Was ist Ihr Abschluss? Otten Haguirul Gazigo Gesimnikka	어떤 학위를 가지고 계십니까?
Was ist Ihr Hauptfach? Muosul Zengonghasimnikka	무엇을 전공하십니까?
Um wie viel Uhr beginnt der Unterricht? Suop Sizak Siganun Enzeimnikka	수업 시작 시간은 언제입니까?
Wann gibt es Mittagessen? Zomsim Siganun Enzeimnikka	점심 시간은 언제입니까?
Wo haben Sie Ihren Abschluss gemacht? Enze Zoropassotsumnikka	언제 졸업하셨습니까?
Wo besuchen Sie die Schule? Odiro Dengjohasimnikka	어디로 등교하십니까?

Wo ist die Cafeteria?

Hakseng Sikdangun Odie Issumnikka

학생 식당은 어디에 있습니까?

Wo ist die Klasse?

Suobun Odieso Hamnikka

수업은 어디에서 합니까?

Wo ist das Klassenzimmer?

Gjosirun Odie Issumnikka

교실은 어디에 있습니까?

Wo ist Ihr Studentenausweis?

Dangsine Haksengzungun Odie Issumnikka

당신의 학생증은 어디에 있습니까?

Einkaufen

쇼핑 Shopping

In den Warenkorb legen
Karte Chugahagi

카트에 추가하기

Kann ich das umtauschen?
Igol Gjohwanal Su Issumnikka

이걸 교환할 수 있습니까?

Kann ich einen Preisnachlass erhalten?
Harinul Badul Su Issumnikka

할인을 받을 수 있습니까?

Kann ich mit einer Kreditkarte bezahlen?
Sinjongkarduro Gjölzehal Su Issumnikka

신용카드로 결제할 수 있습니까?

Kann ich mit Bargeld bezahlen?
Hjongumuro Gjölzehal Su Issumnikka

현금으로 결제할 수 있습니까?

Kann ich es auf zurücklegen lassen?
Ilbuman Miri Zibural Su Issumnikka

일부만 미리 지불할 수 있습니까?

Kann ich das zurückgeben?
Igol Banpumal su Issumnikka

이걸 반품할 수 있습니까?

Kann ich das anprobieren?
Igol Ibobwado Döpnikka

이걸 입어봐도 됩니까?

Bargeld
Hjongum

현금

Kasse
Gjesande

계산대

Kreditkarte
Sinjongkard

신용카드

| Haben Sie es vorrätig? | 이것의 재고가 있습니까? |
| Igosseu Zegoga Issumnikka | |

| Haben Sie das in einer anderen Farbe? | 이것의 다른 색상이 있습니까? |
| Igosseu Darun Seksangi Issumnikka | |

| Haben Sie das auch in Rot? | 이것의 빨간색 제품이 있습니까? |
| Igosseu Ppalgansek Zepumi Issumnikka | |

| Kaufen Sie es im Angebot | 할인가에 구매하시겠습니까 |
| Haringae Gumehasigessumnikka | |

| Wie lange haben Sie geöffnet? | 언제까지 열려 있습니까? |
| *Onzeggazi Jolloissumnikka* | |

| Wie viel kostet das? | 가격이 얼마입니까? |
| Gagjogi Ermaimnikka | |

| Wie möchten Sie bezahlen? | 얼마를 내시겠습니까? |
| Ermarul Nesigesumnikka | |

| Ist es im Angebot? | 세일 중입니까? |
| Seil Zungimnikka | |

| Ist dies in einem anderen Geschäft erhältlich? | 다른 매장에서도 구매할 수 있습니까? |
| Darun Mezangesodo Gumehalsu Issumnikka | |

| Es passt nicht | 맞지 않습니다 |
| Machi Anssumnida | |

| Es passt | 맞습니다 |
| Massumnida | |

| Es ist zu groß | 너무 큽니다 |
| Nomu Kumnida | |

Sie ist zu klein
Igoddurun Nomu Zaksumnida

이것들은 너무 작습니다

zurücklegen
Jejak Gume

예약 구매

Kann ich Ihnen helfen?
Zega Dowadurilkajo

제가 도와드릴까요?

Nicht auf Lager
Mezin

매진

Bitte geben Sie mir die Quittung
Jongsuzung Butakdurimnida

영수증 부탁드립니다

Bitte legen Sie die Quittung in die Tasche
Jongsuzungul Gabange Nerzusipsio

영수증을 가방에 넣어주십시오

Rufen Sie sie bitte separat an
Bjöldoro Munihasipsio

별도로 문의하십시오

Das ist kaputt
Igosun Gozangnassumnida

이것은 고장났습니다

Wonach suchen Sie?
Muosul Chazusimnikka

무엇을 찾으십니까?

Wie sind Ihre Geschäftszeiten?
Jongop Sigani Otokke Dösimnikka

영업 시간이 어떻게 되나요?

Wie sind Ihre Geschäftszeiten?
Jongop Sigani Otokke Dösimnikka

영업 시간이 어떻게 되나요?

Wie hoch ist der Preis?
Gagjogi Ottoke Dömnikka

가격이 얼마나 됩니까?

Welche Größe haben Sie?

Saizuga Ottoke Dösimnikka

사이즈가 어떻게 되십니까?

Wann öffnen Sie?

Onze Josimnikka

언제 여십니까?

U-Bahn/Metro
지하철/철도 Zihacher/Cherdo

Bin ich im richtigen Zug?
Zega Zedero Dön Jerchae Tan Gosimnikka

제가 제대로 된 열차에 탄 것입니까?

Kann ich hier aussteigen?
Jogie Neril Su Issumnikka

여기에 내릴 수 있습니까?

Kann ich auf die andere Seite gelangen?
Darun Banghjanguro Gal Su Issumnikka

다른 방향으로 갈 수 있습니까?

Habe ich den richtigen Zug erwischt?
Zega Zedero Dön Jercharul Tassumnikka

제가 제대로 된 열차를 탔습니까?

Haben Sie eine Tageskarte?
Ililgwoni Issusimnikka

일일권이 있으십니까?

Haben Sie eine Monatskarte?
Ilgewolgwoni Issusimnikka

1개월권이 있으십니까?

Haben Sie einen U-Bahn-Plan?
Zihacher Nosundoga Issusimnikka

지하철 노선도가 있으십니까?

Haben Sie eine Wochenkarte?
Ilzuilgwoni Issusimnikka

1주일권이 있으십니까?

Haben Sie eine Jahreskarte?
Ilnjongwoni Issusimnikka

1년권이 있으십니까?

Akzeptieren Sie Bargeld?
Hjongum Badusimnikka

현금 받으십니까?

Steigen Sie an der nächsten Station aus
Daum Joge Nerisipsio

다음 역에 내리십시오

An den Griffen festhalten

Sonzabirul Zabusipsio

손잡이를 잡으십시오

How can I pay?

Ottoke Ziburamnikka

어떻게 지불합니까?

Wie viele Haltestellen sind es bis zu meinem Bahnhof?

Ze Dochakjerkkazi Mjot Zongerzang Namassumnikka

제 도착역까지 몇 정거장 남았습니까?

Wie hoch ist der Fahrpreis für Senioren?

Gjengro Jogumun Ermaimnikka

경로 요금은 얼마입니까?

Wie viel kostet die Fahrt zum Flughafen?

Gonghangkkazi Ermaimnikka

공항까지 얼마입니까?

Es macht mir nichts aus, zu stehen

Zonun Soissodo Gönchanssumnida

저는 서있어도 괜찮습니다

Ich glaube, ich bin auf dem falschen Weg

Ze Sengege, Zalmotdön Banghjanguro Gago Issumnida

제 생각에, 잘못된 방향으로 가고 있습니다

Ich glaube, ich bin in den falschen Zug gestiegen

Ze Sengage, Jercharul Zalmot Tassumnida

제 생각에, 열차를 잘못 탔습니다

Ist das meine Haltestelle?

Jogiga Ze Dochakjukingajo

여기가 제 도착역인가요?

Es ist ein Sitz für Behinderte Menschen

Zange-injong Zwasogimnida

장애인용 좌석입니다

Es ist ein Sitz für ältere Menschen

Noinjong Zwasogimnida

노인용 좌석입니다

Machen Sie bitte etwas Platz

Zom Bikjerzusipsio

좀 비켜주십시오

Bitte setzen Sie sich hierher

Jogi Anza Zusipsio

여기 앉아 주십시오

Bitte stellen Sie sich in die Schlange

Zurl Macher Ser Zusipsio

줄을 맞춰 서 주십시오

Nehmen Sie die Linie 1

Ilhosonul Tasipsio

1호선을 타십시오

Der Zug kommt

Jerchaga Ogo Issumnida

열차가 오고 있습니다

Der Zug wird bald abfahren

Jerchaga Got Chulbaramnida

열차가 곧 출발합니다

Der Zug wird 10 Minuten lang anhalten.

Jerchanun Sibbungan Zongchahamnida

열차는 10분간 정차합니다

Welche Linie soll ich nehmen?

Mjot Hosonul Tajahamnikka

몇 호선을 타야합니까?

An welcher Station soll ich aussteigen?

Otten Jergeser Nerjoja Hamnikka

어떤 역에서 내려야 합니까?

Um wie viel Uhr fährt der letzte Zug?

Makcha Siganun Onzeimnikka

막차 시간은 언제입니까?

Wann fährt der nächste Zug?

Daum Jercha Siganun Onzeimnikka

다음 열차 시간은 언제입니까?

Wo sind die Fundsachen?

Jusilmul Bogwansonun Odie Issumnikka

유실물 보관소는 어디에 있습니까?

Wo kann ich die Überweisung tätigen?

Odieso Hwansunghal Su Issumnikka

어디에서 환승할 수 있습니까?

Wo kann ich eine Fahrkarte kaufen?	표는 어디에서 구매할 수 있습니까?
Pjonun Odieso Gumehal Su Issumnikka	

Wo kann ich die Überweisung vornehmen?	어디에서 환승합니까?
Odieso Hwansunghamnikka	

Wo steigen Sie aus?	어디에서 내리십니까?
Odieso Nerisimnikka	

Wo ist ein Bahnhofsmitarbeiter?	역무원은 어딨습니까?
Jokmuwonun Odissumnikka	

Wo ist der Ausgang?	출구는 어딨습니까?
Chulgunun Odissumnikka	

Wo ist der nächste Bahnhof von hier aus?	여기에서 가장 가까운 역이 어디입니까?
Jogieso Gazang Gakkaun Jogi Odiimnikka	

Wo befindet sich die U-Bahn-Station?	지하철역은 어딨습니까?
Zihacherjogun Odissumnikka	

Wo befindet sich der Fahrkartenschalter?	매표소는 어딨습니까?
Mepjosonun Odissumnikka	

Wie steige ich aus?	어느 방향으로 내려야 합니까?
Ern Banghjanguro Nerjoja Hamnikka	

Warum hat der Zug Verspätung?	왜 열차가 지연되었습니까?
Wö Jerchaga Zijondössumnikka	

Sie müssen eine Überweisung tätigen	환승하셔야 합니다
Hwansunghasheja Hamnida	

Sie müssen den Zug wechseln	열차를 갈아타셔야 합니다
Jercharul Garatasheja Hamnida	

Taxi

택시 Taxi

Akzeptieren Sie Bargeld? Hjongum Badusimnikka	현금 받으십니까?
Setzen Sie mich hier ab Jogie Nerjozusipsio	여기에 내려주십시오
Hier ist der Zielort Jogiga Mokzokziimnida	여기가 목적지입니다
Wie viel würde die Fahrt zum Flughafen kosten? Gonghangkkazi Ermaimnikka	공항까지 얼마입니까?
Ich habe kein Bargeld Zonun Hjongumni Opssumnida	저는 현금이 없습니다
Ich muss einiges an Gepäck in den Kofferraum packen Trunke Nerul Zimmi Zom Issumnida	트렁크에 넣을 짐이 조금 있습니다
Ich werde hier aussteigen Jogieso Nerigessumnida	여기에서 내리겠습니다
Ich möchte bitte einen Übersetzer Bonjokgarul Butakdrimnida	번역가를 부탁드립니다
Ich bezahle mit Kreditkarte Sinjongkaduro Gjolzehagessumnida	신용카드로 결제하겠습니다
Ich werde Sie melden Dansinul Singohagessumnida	당신을 신고하겠습니다
Ist es ein Pauschaltarif? Gozong Jogumimnikka	고정 요금입니까?

Sie wird nach dem Zählerstand berechnet Meter Jogumuro Chonggudömnida	미터 요금으로 청구됩니다
Behalten Sie das Kleingeld Gosrumdonun Gönchanssumnida	거스름돈은 괜찮습니다
Ich gebe Ihnen die Adresse Zusorul Alljozusipsio	주소를 알려드리겠습니다
Wenden Sie U-Tonasipsio	유턴하십시오
Auf der linken Seite Zwahözonasipsio	좌회전하십시오
Auf der rechten Seite Uhözonasipsio	우회전하십시오
Bitte rufen Sie ein Taxi für mich Taxirul Bullozusipsio	택시를 불러주십시오
Bitte schließen Sie das Fenster Changmunul Dadazusipsio	창문을 닫아 주십시오
Bitte setzen Sie mich am Kaufhaus ab Bekwazomeso Nerjozusipsio	백화점에서 내려주십시오
Bitte setzen Sie mich am Lebensmittelgeschäft ab Singrjopumzomeso Nerjozusipsio	식료품점에서 내려주십시오
Bitte geben Sie mir eine Quittung Jongsuzungul Butakamnida	영수증을 부탁합니다
Bitte nehmen Sie den schnellsten Weg Gazang Parun Gillo Ga Zusipsio	가장 빠른 길로 가 주십시오

Bitte nehmen Sie den kürzesten Weg	가장 짧은 길로 가 주십시오
Gazang Zalbun Gillo Ga Zusipsio	

Bitte öffnen Sie den Kofferraum	트렁크를 열어주십시오
Trunkrul Jorozuipsio	

Bitte öffnen Sie das Fenster	창문을 열어주십시오
Changmunul Jorozusipsio	

Bitte halten Sie hier an	여기에서 세워 주십시오
Jogieso Sewozusipsio	

Bitte bringen Sie mich hierher	여기로 데려다 주십시오
Jogiro Derjeda Zusipsio	

Bitte bringen Sie mich zu diesem Hotel	이 호텔로 데려다 주십시오
I Hotello Derjeda Zusipsio	

Bitte schalten Sie die Klimaanlage ein	에어컨을 켜주십시오
Eerkenul Kjezusipsio	

Treten Sie drauf	밟으십시오
Barbsipsio	

Bringen Sie mich zur Botschaft	대사관으로 데려다 주십시오
Desagwanuro Derjerda Zusipsio	

Taxi	택시
Taxi	

Dankeschön	감사합니다
Gamsahamnida	

Der Zielort hat sich geändert	목적지가 바뀌었습니다
Mokzokziga Baggüotssumnida	

Das ist nicht der Weg
I Giri Animnida

이 길이 아닙니다

Dies ist die Adresse
I Zusoimnida

이 주소입니다

Links abbiegen
Zwahözon

좌회전

Rechts abbiegen
U-Hözon

우회전

Wo ist das Reiseziel?
Hengsonziga Odiimnikka

행선지가 어디입니까?

Sie verlangen zu viel von mir
Zege Bagazirul Sügo Issumnida

제게 바가지를 씌우고 있습니다

Du sollst mich nicht abzocken, weil ich ein Ausländer bin

제가 외국인이라는 이유로 속이면 안됩니다

Zega Öguginiranun Ijuro Sogimjon Andömnida

Sie haben es bestanden
Zinachossumnida

지나쳤습니다

Sie haben die Haltestelle verpasst
Zongzi Sinhorul Zinachossumnida

정지 신호를 지나쳤습니다

Touristisches

관광업   **Gangwangob**

Sind immer so viele Leute da?
Jogienun Onzena Sarami Manssumnikka?

여기에는 언제나 사람이 많습니까?

Darf ich da reingehen?
Jogiro Gado Dömnikka

여기로 가도 됩니까?

Darf ich mich umsehen?
Dullobwado Dömnikka

둘러봐도 됩니까?

Darf ich ein Foto machen?
Sazin Chigodo Dömnikka

사진 찍어도 됩니까?

Kann ich ein Video aufnehmen?
Dongjongsang Chwarjonghedo Dömnikka

동영상 촬영해도 됩니까?

Brauche ich meinen Reisepass?
Jogwoni Pirjohamnikka

여권이 필요합니까?

Haben Sie eine Ermäßigung für Kinder?
Aiege Harini Issumnida

아이에게 할인이 있습니까?

Haben Sie eine Ermäßigung für Senioren?
Noinege Harini Issumnida

노인에게 할인이 있습니까?

Haben Sie eine Audiotour auf Englisch?
Jonger Odio Gaiduga Issumnikka

영어 오디오 가이드가 있습니까?

Haben Sie einen englischen Reiseführer?
Jonger Joheng Gaiduga Issumnikka

영어 여행 가이드가 있습니까?

Haben Sie einen Reiseführer auf Englisch?
Jongero Dön Joheng Gaiduga Issumnikka

영어로 된 여행 가이드가 있습니까?

Soll ich ein Foto für Sie machen?

Dangsingwa Sazin Chigodo Gönchanssumnikka

당신과 사진 찍어도 괜찮습니까?

Essen ist im Innenbereich nicht erlaubt

Nebuesonun Umsigi Herjongdözi Anssumnida

내부에서는 음식이 허용되지 않습니다

Geben Sie mir bitte ein Kinderticket

Erini Ticket Han Zang Zusipsio

어린이 티켓 한 장 주십시오

Geben Sie mir bitte ein Ticket

Ticket Han Zang Zusipsio

티켓 한 장 주십시오

Wie lange kann ich mich umsehen?

Erma Dongan Dullobol Su Issumnikka

얼마 동안 둘러볼 수 있습니까?

Wie viel kosten die Tickets?

Ticket Gagjokun Ermaimnikka

티켓 가격은 얼마입니까?

Ich würde gerne ein paar Souvenirs kaufen

Ginjompumul Sago Sipssumnida

기념품을 좀 사고 싶습니다

Ich werde einen Sicherheitsscan durchführen

Boan Gumsarul Silhenghamnida

보안 검사를 실행합니다

Gibt es im Inneren ein Restaurant?

Nebue Restaurangi Issumnida

내부에 레스토랑이 있습니까?

Ist dies ein Touristenort?

Joginun Gwangwangziimnikka

여기는 관광지입니까?

Ist es das?

Ige Gugosimnikka

이게 그것입니까?

Ist dieser Touristenort berühmt?

I Gwangwangzinun Jumjonghamnikka

이 관광지는 유명합니까?

Es hat kulturelle Bedeutung Munwazogin Ümiga Issumnikka	문화적인 의미가 있습니다
Es ist ein historischer Ort Joksazergin Zangsoimnida	역사적인 장소입니다
Es ist ein beliebter Ort Ingiinnun Zangsoimnida	인기있는 장소입니다
Es ist die ganze Zeit überfüllt Onzena Saramuro Gadukamnida	언제나 사람으로 가득합니다
Es ist enttäuschend Silmangsuropssumnida	실망스럽습니다
Das ist das erste Mal, dass ich so etwas sehe Iron Gosun Cherum Bomnida	이런 것은 처음 봅니다
Das ist wirklich cool Zongmal Motzimnida	정말 멋집니다
So etwas habe ich noch nie gesehen Iron Gosun Bon Zergi Opssumnida	이런 것은 본 적이 없습니다
Bitte Ruhe bewahren Zojonghi Hezusipsio	조용히 해 주십시오
Bitte sprechen Sie leiser Moksorirul Nacho Zusipsio	목소리를 낮춰주십시오
Bitte zeigen Sie mir Ihr Ticket Ticketul Bojer Zusipsio	티켓을 보여주십시오
Bitte machen Sie ein Foto mit dem Hintergrund Begjongi Naoge Sazinul Chigo Zusipsio	배경이 나오게 사진을 찍어 주십시오

Es gibt eine große Anzahl von Menschen
Sarami Mani Issumnida

사람이 많이 있습니다

Es gibt eine Menge Touristen
Gwangwanggeggi Mani Issumnida

관광객이 많이 있습니다

Dieser Bereich ist gesperrt
Zehan Gujogimnida

제한 구역입니다

Das ist so einmalig
Zongmal Tugihamnida

정말 특이합니다

Wir sind umsonst hergekommen
Urinun Göni Jogie On Ge Animnida

우리는 괜히 여기 온 게 아닙니다

Was für eine Aussicht
Zanggwanimnida

장관입니다

Welche Bedeutung hat dieser Ort?
I Zangsonun Otten Ümiga Issumnikka

이 장소는 어떤 의미가 있습니까?

Was ist das für ein Ort?
Joginun Otten Zangsoimnikka

여기는 어떤 장소입니까?

Um wie viel Uhr beginnt die Führung?
Gaid Sizak Siganun Onzeimnikka

가이드 시작 시간은 언제입니까?

Wo sind die sanitären Anlagen?
Üseng Sisurun Odissumnikka

위생 시설은 어딨습니까?

Wo kann ich Eintrittskarten kaufen?
Odieso Ticketul Gumehamnikka

어디에서 티켓을 구매합니까?

Wo ist der Ausgang?
Chulgunun Odissumnikka

출구는 어딨습니까?

Wo ist der Geschenkeladen?
Sonmul Gagenun Odissumnikka

선물 가게는 어딨습니까?

Wo befindet sich der Informationsstand?
Infomeishon Senternun Odissumnikka

인포메이션 센터는 어디에 있습니까?

Würden Sie bitte ein Foto von mir machen?
Ze Sazinul Chigozusigessumnikka

제 사진을 찍어주시겠습니까?

Ja, das ist es
Ne, Igesimnida

네, 이것입니다

Sie können eintreten
Durogal Su Issumnida

들어갈 수 있습니다

Sie können nicht hineingehen
Durogal Su Opssumnida

들어갈 수 없습니다

Sie können es nicht anfassen
Manzil Su Opssumnida

만질 수 없습니다

Transcript

교통 Gjotong

Flugzeug Hanggonggi	항공기
Fahrrad Zazenke	자전거
Boot Bot	보트
Auto Zadongcha	자동차
Jet Zet-ki	제트기
Motorrad Otobay	오토바이
Flugzeug Bihenggi	비행기
Ruderboot Narootbe	나룻배
Schiff Be	배
GELÄNDEWAGEN SUV	SUV
Taxi Taxi	택시

Anhänger Treiler	트레일러
Lkw Truck	트럭
Van Sunghapcha	승합차

Reisen

여행 **Joheng**

Unterkunft	숙박
Sukbak	

Flugzeug	항공기
Hanggongi	

Flughafen	공항
Gonghang	

Reisegepäck	수하물
Suhamul	

Brücke	다리
Dari	

Bus	버스
Bus	

Busbahnhof	버스 터미널
Bus Terminal	

Bushaltestelle	버스 정류장
Bus Zongrjuzang	

Ladenschlusszeit	폐점 시간
Pezom Sigan	

fremdes Land	외국
Öguk	

Reise vor Ort	지역 여행
Zijok Joheng	

Karte Zido	지도
Öffnungszeit Gezom Sigan	개점 시간
Überseereise Heöjoheng	해외여행
Reisepass Jogwon	여권
Bahnhof Jok	역
U-Bahn Zihachol	지하철
Taxi Taxi	택시
Ticket Pjo	표
Reiseleiter Joheng Gaid	여행 가이드

Wetter

날씨　　　**Nalssi**

Laut Vorhersage soll es sonnig werden　　　일기예보에 따르면 날씨는 화창해야 합니다
Ilgijeboe Tarumjen Nalssinun Hwachangheja Hamnida

Klimaanlage　　　에어컨
Eerken

unter Null　　　영하
Jongha

Schneesturm　　　눈보라
Nunbora

kühl　　　추움
Chuum

klar　　　맑음
Malgum

Klima　　　기후
Gihu

Wolken　　　구름
Gurm

Hat der Regen aufgehört?　　　비가 그쳤습니까?
Biga Gucherssumnikka

Hat es aufgehört zu schneien?　　　눈이 그쳤습니까?
Nuni Gucherssumnikka

Nieselregen　　　보슬비
Boslbi

Dürre Gonzoham	건조함
trocken Gonzohan	건조한
Herbst Gaul	가을
Haben Sie die Wettervorhersage gehört? Ilgijebo Durusossumnikka	일기예보 들으셨습니까?
Hitzewelle Jolpung	열풍
Wie viel Regen ist gefallen? Biga Ermana Mani Omnikka	비가 얼마나 많이 옵니까?
Wie viel Schnee ist gefallen? Nuni Ermana Mani Omnikka	눈이 얼마나 많이 옵니까?
Wie ist das Wetter? Nalssinun Ottossumnikka	날씨는 어떻습니까?
schwül Span	습한
Ich kann das Wetter nicht vorhersagen Nalssirul Jechukhal Su Opssumnida	날씨를 예측할 수 없습니다
Ich mag den Herbst Zonun Gauri Zossumnida	저는 가을이 좋습니다
Ich mag den Frühling Zonun Bomi Zossumnida	저는 봄이 좋습니다

Ich mag den Sommer
Zonun Jorumi Zossumnida

저는 여름이 좋습니다

Ich mag den Winter
Zonun Gjouri Zossumnida

저는 겨울이 좋습니다

Ich hätte einen Regenschirm mitbringen sollen
Usanul Gazerwassoja Hassumnida

우산을 가져왔어야 했습니다

Es ist bewölkt
Gurmi Manssumnida

구름이 많습니다

Es ist kalt
Chupssumnida

춥습니다

Es ist trocken
Gonzohamnida

건조합니다

Es ist Herbst
Gaurimnida

가을입니다

Es ist heiß
Dopsumnida

덥습니다

Es ist schwül
Spamnida

습합니다

Es schüttet
Biga Sodazimnida

비가 쏟아집니다

Es regnet
Biga Omnida

비가 옵니다

Es ist Frühling
Bomimnida

봄입니다

Es ist Sommer Jorumimnida	여름입니다
Es ist die Regenzeit Ugiimnida	우기입니다
Es ist warm Tattutamnida	따뜻합니다
Es ist windig Barami Bumnida	바람이 붑니다
Es ist Winter Gjourimnida	겨울입니다
Es hat aufgehört zu regnen Biga Gucherssumnida	비가 그쳤습니다
Es hat aufgehört zu schneien Nuni Gucherssumnida	눈이 그쳤습니다
Es wird den ganzen Tag über sonnig sein Haru Zongil Margul Gossimnida	하루 종일 맑을 것입니다
Es wird den ganzen Tag regnen Haru Zongil Biga Neril Gosimnida	하루 종일 비가 내릴 것입니다
Es wird den ganzen Tag schneien Haru Zongil Nuni Neril Gosimnida	하루 종일 눈이 내릴 것입니다
Es ist der erste Schnee Chonnunimnida	첫눈입니다
Es ist bewölkt Hrimnida	흐립니다

Es schneit Nuni Omnida	눈이 옵니다
Regen Bi	비
Regenjacke Biot	비옷
Regenzeit Ugi	우기
Jahreszeit Gjezol	계절
Schnee Nun	눈
Frühling Bom	봄
Sommer Jorum	여름
Sonne He	해
Temperatur Ondo	온도
Die Blätter verfärben sich Ipui Segi Bakkümnida	잎의 색이 바뀝니다
Die Straße ist vereist Giri Erossumnida	길이 얼었습니다

Die Straße ist rutschig Giri Mikkurepssumnida	길이 미끄럽습니다
Der Himmel ist klar Hanuri Makssumnida	하늘이 맑습니다
Der Sturm ist im Anmarsch Pokpungi Dagaomnida	폭풍이 다가옵니다
Die Wettervorhersage ist falsch Ilgijeboga Tulljossumnida	일기예보가 틀렸습니다
Das Wetter ist schön Nalssiga Zossumnida	날씨가 좋습니다
Das Wetter wird langsam besser Nalssiga Chonchoni Zoazimnida	날씨가 천천히 좋아집니다
Das Wetter ist seltsam Nalssiga Isanghamnida	날씨가 이상합니다
Das Wetter ändert sich ständig Nalssiga Gjesok Bakkümnida	날씨가 계속 바뀝니다
Das Wetter sollte bald besser werden Nalssiga Got Zoazil Gosimnida	날씨가 곧 좋아질 것입니다
Es ist Eis auf der Straße Gil Üe Bingpani Issumnida	길 위에 빙판이 있습니다
Donner Chondung	천둥
Taifun Tepung	태풍

Regenschirm Usan	우산
UV-Strahlen Zaösen	자외선
Wie ist die Temperatur heute? Onul Gionun Mjot Doimnikka	오늘 기온은 몇 도입니까?
Was ist Ihre Lieblingsjahreszeit? Enu Gjezorul Zoahamnikka	어느 계절을 좋아합니까?
Wie wird das Wetter morgen sein? Neil Nalssinun Otterssumnikka	내일 날씨는 어떻습니까?
Was ist mit dem Wetter los? Nalssie Munzega Issumnikka	날씨에 문제가 있습니까?
Winter Gjeul	겨울

Danke schön

Vielen Dank, dass Sie sich für mein Buch entschieden haben!

Sie sind jetzt auf dem besten Weg, über 1.650 Wörter und Ausdrücke auf Koreanisch zu lernen, und wir hoffen, dass Ihnen unser Hangul-Vokabelbuch für Anfänger gefallen hat.

Wenn Sie Freude daran hatten, mit uns Koreanisch zu lernen, würden wir sehr gerne in einer Rezension über Ihren Fortschritt erfahren.

Wir sind immer daran interessiert zu erfahren, ob es etwas gibt, das wir unternehmen können, um unsere Bücher für zukünftige Schüler zu verbessern. Wir sind bestrebt, den besten Sprachlerninhalt zur Verfügung zu stellen! Bitte kontaktieren Sie uns per E-Mail, wenn Sie ein Problem mit einem der Inhalte in diesem Buch haben sollten:

hello@polyscholar.com

Besuchen Sie www.polyscholar.com, um mein erstes Buch "Koreanisch lernen für Anfänger" und unsere anderen Sprachbücher zu erhalten.